OLMÉDO.

OLMÉDO.

COLONIES PORTUGAISES, 18..,

PAR

J.-Z. BAHMAN.

VALOGNES,

TYPOGRAPHIE DE CARETTE-BONDESSEIN.

MDCCCXLVI.

I.

> La nature féconde en bizarres portraits
> Dans chaque âme est marquée à de différens traits
>
> BOILEAU.

Le soleil allait se coucher. On l'apercevait encore comme un disque enflammé à travers les branches touffues des arbres de la forêt, et ses derniers rayons s'allongeaient au milieu d'une clairière.

Là s'élevait une hutte formée de quelques troncs d'arbres entassés les uns sur les autres. Ces troncs d'arbres, noirs et enfumés, s'enlaçaient aux arbres verts, froissaient leur feuillage et semblaient les frapper de mort. Aux branches de quelques-uns pendaient çà et là des peaux d'animaux fraîchement écorchés.

En face de l'ouverture qui sert de porte à cette hutte, la terre est rouge et humide, c'est du sang ; plus loin elle est noire et gercée, ce sont les restes d'un grand feu.

D'un côté de la hutte un tas de peaux ficelées s'élèvent sous un toit de branchage; de l'autre côté, d'énormes chiens se partagent en hurlant les restes d'une carcasse de bœuf sauvage.

Un vigoureux gaillard qui annonce vingt-cinq ans au plus semble distribuer les parts. Il porte pour tout vêtement un pantalon de toile serré sur les hanches par une corde autour d'une chemise dont les manches retroussées au-dessus du coude laissent voir deux bras énergiques. La couleur de ce vêtement est équivoque; elle participe à la fois du sang, de la terre et de la fumée. Des taches plus récentes, d'un rouge vif, se font remarquer çà et là et sur les bras.

Sa physionomie, dans ce moment du moins, exprime la satisfaction; ses grosses lèvres se roulent; sa bouche s'entr'ouvre; son petit œil gris-fer brille sous un épais sourcil; ses cheveux roux se hérissent, courts et droits, sur son front bas et contracté par un rire farouche.

Il fouaille d'une main la meute aboyante pour rétablir l'ordre dans ses rangs et faire avoir à chacun ce qui lui revient de la curée.

Il hurle avec eux tour à tour, les excite, les arrête, appelle ceux-ci, frappe ceux-là, et les aboiemens retentissent au loin dans la forêt.

Au bruit de ce concert, de l'autre côté de la hutte, un autre personnage, d'un âge équivoque, plus petit, mais plus trapu, dans un costume analogue, s'allonge sur quelques peaux étendues par terre. Il les tourne, les retourne, semble s'enivrer de leur odeur. Cependant il fume à larges bouffées une énorme pipe; de temps à autre il porte à ses lèvres une gourde qui contient du rhum et du poivre pour en aspirer une gorgée.

Il s'avance vers la meute.

— Allons donc, Cahours ! tu t'amuses et tu n'en finiras pas !

Cahours faisait semblant de ne pas entendre.

— Je veux que ce bruit cesse, entends-tu Cahours ! laisse-moi donc dormir !

Et il s'en retourna s'étendre sur les peaux.

Cahours entra dans la hutte, en rapporta plein ses bras d'os et de viande coupée par morceaux et jeta le tout au milieu de la meute.

Les aboiemens redoublèrent un instant, mais le fouet cessa de battre. Chacun prit son morceau et s'en fut à l'écart le ronger en grondant sourdement pendant quelques instans encore. Puis tout rentra dans le silence. Cahours bourra une énorme pipe qu'il se mit à fumer, appuyé sur la devanture de la hutte, en tressant des muscles pour en faire un fouet.

Ce fut alors qu'on entendit le galop d'un cheval.

Cahours s'avança dans la clairière, du côté d'où paraissait venir le bruit, et les chiens se mirent à hurler et à courir en avant.

Le bruit se rapprochait et Cahours distingua bientôt le cavalier qui venait vers lui. Avec son fouet il imposa silence aux chiens ; quelques-uns s'en retournèrent achever de ronger leur carcasse, d'autres restèrent derrière lui, les oreilles tendues, prêts à courir sus s'il eût dit un mot. Le cavalier entra dans la clairière.

C'est un jeune homme du même âge que Cahours ; son teint est légèrement bruni, plutôt par la chaleur de son sang que par les rayons du soleil; sa figure annonce la distinction ; ses cheveux noirs et bouclés flottent sur son cou nu; une légère moustache ombrage sa lèvre supérieure; sa taille paraît élancée; ses mouvemens sont doux et gracieux comme ceux du cheval noir qu'il monte.

Son costume est très-simple : il porte un large pantalon rayé bleu et blanc, retenu sur ses hanches autour d'une chemise également rayée bleu et blanc, par une ceinture rouge; son col est rabattu autour d'un foulard noué négligemment. Sur tout cela une espèce de veste grise à boutons brillans. Il est coiffé d'un chapeau de feutre gris, large de rebord ; il porte à ses pieds des bottes de maroquin rouge, garnies d'un éperon d'acier.

Dès qu'il fut auprès de Cahours, il arrêta son cheval. On le vit se détacher en vigueur sur le ciel que laissait entrevoir le sentier qu'il avait suivi.

— Mon ami, dit-il, pourriez-vous me procurer un verre d'eau?

— Un verre d'eau ! répondit Cahours, il y en a à la mer, de l'eau !

— Mon ami, continua le cavalier, je me suis égaré dans la forêt, j'ai très soif; ne pourriez-vous pas me donner un verre d'eau et m'indiquer la route pour aller à la Roche-Noire?

— Ah ! c'est bien facile à demander !

— Mais encore?

— Allez par là, vous trouverez dans une heure la rivière et vous boirez si vous avez soif. — Puis il tourna le dos en riant de ce rire que j'ai essayé de vous dépeindre.

Le cavalier piqua des deux et repartit au galop. Les chiens hurlèrent un moment après lui, Cahours les rappela en sifflant dans ses doigts et en faisant claquer son fouet. Puis il s'en revint près de la hutte, à côté de son compagnon.

— Qui était-là, lui dit celui-ci?

— Un homme, je ne sais pas.

— Que voulait-il?

— Il voulait boire, à ce qu'il paraît.

— Eh bien, fallait lui offrir du rhum!

— Je lui ai indiqué la rivière.

— Pourquoi donc as-tu fait cela?

— Parce qu'il me demandait sa route. C'est le planteur de la Roche-Noire.

— Mais, c'est du côté opposé!

— Justement! Je me suis dit : il va se promener, la nuit est belle, et puis d'ailleurs...

— D'ailleurs, quoi? — Sois donc tranquille, te dis-je, ça me regarde. Tu n'es guère complaisant; la jeunesse, aujourd'hui, n'est pas ce que nous étions autrefois.

— C'est ce que je me suis dit.

— Allons, c'est bon, prépare tout. Les chiens ont fini, n'est-ce pas? nous pouvons manger maintenant.

Le vieux compagnon ne s'était pas dérangé; il fumait toujours sa pipe, étendu sur le dos. Cahours entra dans la hutte, s'agenouilla par terre, souffla avec sa bouche sur des charbons mal éteints, prit avec ses mains quelques tranches de viande qu'il étendit sur la braise. C'était le repas du soir des deux boucaniers.

II.

> Le jour s'éteint sur tes collines,
> O terre où languissent mes pas ;
> Quand pourrez-vous mes yeux, quand pourrez-vous, hélas !
> Saluer les splendeurs divines
> Du jour qui ne s'éteindra pas.
>
> *Hymne de la nuit.*

Le crépuscule ne dure pas long-temps. Après la chaleur brûlante du jour arrive brusquement avec la nuit une fraîcheur humide, quelquefois un froid aigu.

Le soleil avait pris une dimension démésurée, son disque touchait à la mer et se mirait dans un océan de pourpre et d'or.

De grandes bandes sillonnaient l'horizon chargé de vapeurs, et tranchaient sur le globe de feu qu'on voyait descendre lentement dans l'onde, comme un roi descend de son trône.

Au levant apparaissait déjà, pâle et blême, mais large aussi, essayant pour ainsi dire de lutter de grandeur, la lune, ce flambeau des nuits sombres. On eût dit qu'elle attendait comme un rival jaloux que l'autre se fût éteint pour briller à son tour.

Le jeune cavalier que nous avons vu déjà apparaître dans la clairière avait fui la mauvaise réception du boucanier, au galop de son cheval noir, et s'en était trouvé en peu de temps aussi loin par la pensée que par le fait.

Il s'était laissé conduire au hasard par l'un des mille sentiers de la forêt, et se trouvait dans ce moment sur un plateau assez élevé, dominant une riche vallée qui s'étendait jusqu'à la mer. De là il contemplait le tableau dont j'ai voulu donner une idée plus haut.

L'air n'était agité que par la brise perpétuelle du vent alizé qui de temps à autre apportait à son oreille, soit le mugissement lointain des troupeaux de bœufs sauvages errans dans la plaine, soit le cri bizarre de quelques-uns de ces oiseaux aux ailes brillantes de tout l'éclat des pierreries, soit encore le parfum embaumé des cancliers, des orangers et des plantes odoriférantes qui croissent çà et là.

Olmédo (c'est le nom du jeune cavalier) descendit de cheval. Dans ce silence et dans cette solitude de la nature, donnant un libre cours à sa rêverie, il se parlait à lui-même et sa voix emportée par la brise se perdait dans les airs.

O mon âme, s'écriait-il, pourquoi donc es-tu triste? Et toi, mon cœur, pourquoi donc es-tu sans cesse agité? je sens en moi quelque chose d'étrange qui m'attire vers un but inconnu à moi-même, que je voudrais deviner, que je ne saurais comprendre.

Qui me dira d'où me vient cette audace? les cheveux les

plus fougueux ne m'effraient pas, et emporté par leur galop terrible, je me sens fendre l'air, rapide et léger comme l'oiseau-mouche qui fait son nid dans le calice des fleurs.

Alors, je rêve des torrens débordés, des ouragans, une mer en furie, je voudrais lutter contre les élémens, contre la nature entière, et la saisir comme un toréador saisit sa victime pour l'étendre dans l'arène.

Puis, d'où me vient cette faiblesse? tout-à coup je me sens triste; le bruit d'une feuille, le frémissement de la brise, tout, jusqu'au silence, m'effraie. Et je voudrais pleurer!

J'écoute : il me semble entendre des soupirs, une voix qui m'appelle tout bas, bien bas; puis je regarde autour de moi, partout la solitude, la solitude et le silence... comme sur cette vaste plaine.

Soleil, arrête-toi. Si c'est toi qui m'attire, si c'est ta douce clarté que j'aime, oh! luis encore! Demain tes feux seront-ils aussi purs? demain ton couchant sera-t-il aussi beau?... Et je ne puis t'arrêter!

Tout ce qui passe m'épouvante. L'eau qui coule, l'heure qui marche, la lumière qui s'efface, l'ombre qui gagne m'avertissent assez que moi aussi je passerai, moi aussi je m' effacerai.

Et je voudrais fuir en avant, plus prompt que l'eau qui coule, que l'heure qui marche, plus brillant que la lumière qui s'efface, pour devancer le présent, l'attendre dans l'avenir, qui ne s'arrête pas, lui, et l'attendre plus sombre que l'ombre qui nous gagne, qui nous gagnera tous!

Est-ce une voix de la terre ou du ciel qui m'appelle ainsi vers l'avenir? Il y a là quelque chose comme on éprouve en voyant les astres à l'horizon...

Est-ce une aurore ou le crépuscule du soir, qui, maintenant, illumine mon cœur ?

Olmédo s'était tû. Il avait l'œil fixé sur le soleil. On n'en apercevait plus que le sommet du disque ; il disparut bientôt tout-à-fait, et le couchant devint sombre.

Olmédo se rapprocha lentement de son cheval. Il s'appuya quelque temps encore sur le pommeau de sa selle, la tête penchée sur sa poitrine ; le premier rayon de la lune l'éclairait en ce moment.

Il enfourcha son cheval et partit au galop. On aurait pu le suivre quelque temps encore dans la plaine, bientôt on n'entendit plus que le bruit de ses pas, puis tout rentra dans le silence.

III.

> Vraiment la Reine eût près d'elle été laide
> Quand, vers le soir,
> Elle passait sur le pont de Tolède
> En corset noir.
>
> *Le Fou.*

Dans la maison de M. Stone vivent, d'abord M. Stone et son associé, puis miss Stone, sa fille.

D'après la distribution de la maison, on dirait deux ménages à part. Les appartemens de M. Stone, d'un côté, dans lesquels on remarque à peine le strict nécessaire; de l'autre, ceux de sa fille, meublés avec un luxe de bon goût. M. Stone va très-rarement chez sa fille. Celle-ci se rend journellement dans les appartemens de son père, ne fût-ce que pour prendre avec lui ses repas.

Le personnel de M. Stone se compose de quelques esclaves noirs et d'un commis pour faire la correspondance nécessaire à son commerce.

Le personnel de sa fille se compose d'une vieille créole qui lui tient lieu de mère, attachée libre à la maison, et de quelques négresses esclaves.

Au reste, voici comment la renommée dépeint M. Stone.

Je vous suppose écoutant l'un de ces groupes qui se forment de flâneurs appartenant à différentes conditions et de différens âges, réunis pour le moment dans un carrefour, sur une place publique, le long d'un quai, par le seul besoin si universellement répandu de colporter les nouvelles généralement quelconques qui ne trouvent point place dans les journaux.

— M. Stone a fait de bonnes affaires.

— Dites plutôt qu'il en fait encore !

— Oui, mais il songe à se retirer du commerce.

— Quel commerce ? — que fait-il ? — on n'en sait rien. — Qu'a-t-il fait ! — on ne le sait pas.

— Cependant son associé...

— Ah ! oui, le fils de son frère...

— Il paraît qu'il va lui donner sa fille en mariage.

— Je ne crois pas que sa fille en veuille.

— Après cela, en famille, c'est une chose de convenance ; les jeunes gens se connaissent d'ailleurs, et si le père le veut, c'est que ça plaît à sa fille, car il l'aime tant !

— Au fait, il n'a qu'elle.

— Je ne crois pas qu'il aime sa fille. Cet homme-là ne doit aimer personne ; il n'a pas d'amis.

— Il est cependant facile de voir qu'il a pour elle toutes les attentions possibles. Il veut qu'elle ait toujours les premières modes de France ; et toutes les fois qu'il arrive un navire avec des pacotilles de Paris, on est sûr qu'il y a un colis à son adresse.

— Tenez ! voilà miss Stone qui va passer avec sa mulâtresse.

Le groupe se retourna pour regarder miss Stone, grande jeune fille de dix-huit ans au plus, pâle et blonde ; ses cheveux tombaient en repentirs le long de ses joues légèrement colorées sur son cou de satin. Ses grands yeux bleus se baissèrent devant cette galerie qui l'examinait passer. Elle inclina légèrement la tête pour pouvoir tourner ses regards ailleurs sans affectation.

Le groupe se mit à parler sucre, café, coton, arrivage et départ de navires ; puis on se sépara pour aller parler de ses propres affaires ou flâner ailleurs.

IV.

> Si j'admire ton front et tes yeux, et ta longue chevelure, c'est parce que à travers ces signes extérieurs qu'on appelle la beauté physique, je contemple ta beauté intellectuelle, ton âme immaculée.
>
> G. SAND.

Miss Anna Stone est dans un petit boudoir attenant à sa chambre à coucher. Malgré la grande chaleur du jour, un air frais circule encore dans l'appartement, à travers les moustiquaires et les jalousies qui paralysent l'action du soleil.

Cependant la chaleur n'est pas encore insupportable. On entend au loin le bruit du port, mais ce bruit diminue. C'est l'heure où chacun cherche la fraîche, rentre dans ses maisons ; le commerce est suspendu. Il se fait un repos de quelques heures qui divise la journée.

Miss Anna est couchée sur un hamac de soie qu'un léger mouvement toujours agite. Il semble vivre de la vie de miss

Anna, car il suit dans une lente et pour ainsi dire imperceptible oscillation les mouvemens de sa poitrine qui se gonfle lorsqu'elle respire. Elle paraît absorbée dans une lecture. A travers son peignoir, on sent des formes délicates et sveltes, qui vivent jusque dans les plis de son vêtement. La main qui tient le livre s'appuie sur le hamac, l'autre s'égare dans les boucles de ses cheveux.

L'un de ses pieds est reployé sous elle, on ne le voit pas; l'autre retombe au dehors du hamac. On en devinerait la petitesse en jetant les yeux sur la natte au-dessous. On y voit, en effet, un petit soulier brodé. Mais le peignoir indiscret s'arrête au-dessus de la cheville.

De temps à autre, une oscillation plus large agite le hamac: c'est un soupir.

Cependant les beaux yeux bleus de miss Anna depuis un instant ne sont pas tournés vers le livre; il s'est refermé de lui-même, et son regard incertain se promène autour d'elle.

Ce regard ne s'arrête pas sur les riches niaiseries qui décorent un étager en bois-de-rose, ou sur la musique ouverte sur un magnifique piano de France; il erre au hasard. Quelquefois il s'arrête fixe; mais ne cherchez pas non plus ce qui l'attire, il n'y a rien qui pourrait le faire briller d'une satisfaction plus douce. Ce regard, en effet, se reploie sur lui-même, il contemple la pensée de miss Anna.

Les oscillations du hamac devenaient plus grandes à mesure que ce regard s'animait. Tout-à-coup, après un long soupir, miss Anna fit un léger mouvement. Sa tête se pencha sur sa poitrine, deux larmes brillèrent dans les longs cils de ses paupières et s'étendirent comme un voile sur ses yeux qui s'étaient reportés vers le livre, puis ils se fermèrent.

Alors son bras fléchit, sa taille s'allongea sur le hamac, elle reposa sa tête sur l'un des coussins.... la chaleur augmentait toujours. Tout était tranquille au dehors ; au dedans, les exhalaisons parfumées des meubles en bois de Sainte-Lucie semblaient augmenter encore la température toujours croissante...

Le hamac avait repris une oscillation douce et régulière. Miss Anna s'était endormie.

V.

O mes fleurs! mes fleurs!

Vers quatre heures la grande chaleur du jour est passée, les affaires reprennent leur cours, chacun se réveille.

Cependant miss Anna dormait toujours. Qu'elle était belle à voir ainsi penchée! de légers mouvemens qu'elle avait faits pendant son sommeil avaient jeté du désordre dans ses cheveux, dans ses vêtemens, et ce désordre n'avait fait qu'augmenter ses charmes.

Il y avait un air de candeur et de satisfaction dans toute sa figure. Un souris imperceptible errait de temps à autre sur ses lèvres. Oh! que son rêve devait être beau pour donner à ses traits une expression de joie si pure! On eût dit un ange en extase devant les béatitudes des cieux!

Sa vieille négresse était entrée discrètement sans faire de bruit ; elle déposa avec précaution un vase de fleurs sur le piano, et, penchée sur le hamac, attendit silencieuse et immobile, le réveil de sa maîtresse.

Miss Anna s'éveilla bientôt, en effet. Ses grands yeux bleus s'ouvrirent d'abord, puis ils se refermèrent comme si elle eût voulu voir encore son rêve. Mais bientôt ils se rouvrirent tout-à-fait et se promenèrent étonnés autour d'elle.

C'est toi, Ketty; dis-moi, mes fleurs ne sont-elles point fanées ? il a fait bien chaud aujourd'hui.

— Voyez plutôt, miss.

— C'est bien, Ketty ; tu es bonne, tu en as bien soin, je te remercie. Tu sais que ces fleurs me plaisent. Pour moi, c'est plus que des fleurs, ce sont des amies ; je leur dis ma pensée ; elles ne répondent pas, mais elles ont l'air d'écouter. Veux-tu me chausser, je vais me rendre auprès de mon père ; c'est bientôt l'heure du dîner.

— Oui, miss, et vous seriez en retard si ce n'est que M. William fait punir un nègre et vous savez que M. votre père veut toujours être présent, car il est si bon qu'il remet toujours la moitié du châtiment.

— Tu as raison, Ketty ; il est bien bon mon père. Oh ! oui, ajouta-t-elle avec un soupir, il est bien bon pour ses esclaves !

— Et pour vous, miss, que pouvez-vous désirer ? il va au-devant de vos désirs. Vous devez être bien heureuse, vous aviez un sommeil si tranquille !

— C'est bien, Ketty ; tu as raison, je devrais être bien heureuse.

Miss Anna et la mulâtresse s'étaient retirées dans la chambre à coucher où celle-ci faisait la toilette de sa maîtresse ; elle était même déjà finie lorsque la porte du boudoir s'ouvrit brusquement et une voix rauque et dure se fit entendre :

— Anna, où es-tu? es-tu là, ma fille?

— Oui, père.

— Ah! c'est bien, mon enfant. Tu fais ta toilette? j'attendrai, continue; mets ta plus belle robe aujourd'hui, je veux te voir dans tout ce que tu as de plus beau.

— Père, j'ai fini. Suis-je bien comme cela? et Anna s'avançait dans son boudoir. Elle était très-simplement vêtue, mais avec un goût et une élégance toute particulière.

— Parbleu, ma fille, il faut que je t'embrasse! Tu es charmante, en vérité, mais je te voudrais d'autres robes que cela. Est-ce que tu n'en as pas en étoffes plus chères? il me semble que ce serait mieux ; mais j'attends un navire par lequel on doit m'envoyer ce qu'il y a de plus cher et de plus beau dans les modes de Paris. Morbleu, je veux que tu sois la plus belle! Rien de trop beau pour toi! Tiens! je vais te dire pourquoi j'ai voulu te voir aujourd'hui : J'entendais hier quelqu'un qui ne me connaissait pas et qui disait devant moi que tu étais la plus jolie personne de la ville. Eh bien! ça m'a fait plaisir! J'ai dit : faudra que je voie cela. Aussi, je voulais te voir aujourd'hui dans ton plus beau, mais tu es toujours d'une simplicité qui fait que je ne vois pas du tout ce qu'il y a de remarquable en toi.

— Père, si je ne suis pas bien, je vais tâcher de me mettre à votre goût, je vais prendre une autre robe. Ketty, viens avec moi.

— Non pas aujourd'hui, ma fille, puisque te voilà habillée. Ce sera pour un autre jour, car une autre robe serait d'une longueur à mettre; mais pour une autre fois. Je veux, au reste, que tu sois toujours très-richement mise. Que diable! ma fortune me permet de faire pour toi tous les sacrifices à tes fantaisies : ça me flatte quand j'entends vanter ta toilette.

— Vous êtes bien bon, mon père; je tâcherai de vous être agréable.

— A propos, morbleu! et ton piano, je ne t'ai jamais entendue? On me disait ces jours derniers que c'était le meilleur qui fût venu de France, je voudrais bien voir comment c'est fait; et puis, on disait aussi que tu avais une belle voix. Peux-tu me chanter quelque chose maintenant?

— Volontiers, père. Que voulez-vous que je chante?

— Ce que tu voudras, mais surtout que ce soit ta plus belle musique et ce que tu sais le mieux. Je suis difficile, comme tu vois.

— Eh bien! père, je vais vous chanter un morceau de Robert.

— Est-ce bien beau?

— Mais oui, père.

— Ce que tu as de plus beau?

— Mais oui, pour le moment, du moins.

— Eh bien, j'écoute.

Anna s'assit à son piano, ouvrit devant elle une partition de Robert, préluda quelques accords en chantant un morceau et s'arrêta au passage qui commence ainsi : « Robert, toi que j'aime. »

La vieille Ketty, appuyée sur le hamac, écoutait en se balançant la tête dans une de ses mains. Le père d'Anna regardait sa fille avec des yeux avides. On eût dit qu'il attendait pour vivre chacune des notes qu'elle allait prononcer. Sa physionomie exprimait [illegible].

Cependant Anna chantait. Elle a [illegible] fragmens épars qui lui avaient rappelé à grands [illegible] tuation musicale, et, à mesure qu'elle préludait, son [illegible] contenue semblait n'attendre pour éclater que la ritournelle du morceau qu'elle avait choisi. Elle avait été gracieuse dans la romance de Gondebaud, effrayante dans l'évocation, tendre dans ce charmant passage d'orchestre qui exprime la séduction. Elle vivait, enfin, du génie de Meyerbeer. Quand elle arriva à son passage favori, toute son âme était dans sa voix. Jamais elle n'avait mieux chanté.

Lorsqu'elle eut fini, après un moment de silence :

— Eh bien ! père, dit-elle, comment trouvez-vous mon piano ?

— Mais ton piano me paraît assez bon ; il fait beaucoup de bruit, surtout dans un passage du commencement qui m'a beaucoup plu, mais j'aime moins la fin ; après ça, tu n'étais peut-être pas en voix ?

— Si fait, père ; je croyais avoir bien chanté.

— Alors, c'est la musique qui ne me plaît pas.

— Cependant, c'est ce que j'ai de mieux pour le moment.

— En France on doit en avoir de meilleure, et si ce n'est pas en France, c'est en Italie, en Angleterre ou ailleurs.

— Je ne crois pas qu'il y en ait de plus belle.

— Si fait, ma fille, il doit en être ainsi. Combien coûte-t-elle ? et il prit la partition des mains de miss Anna. C'est cela : elle coûte cent francs, prix net. Alors, je t'en aurai de deux cents francs s'il le faut ; mais je veux que tu en joues de meilleure que cela ; elle ne me plaît pas.

Et il referma la volumineuse partition et la posa sur le piano. A cet endroit se trouvaient les fleurs d'Anna. Ketty fut prompte à retirer l'énorme cahier de musique.

M. Stone sortit ; sa fille le suivit. Elle était rouge d'émotion et disait tout bas : O mes fleurs ! mes fleurs ! Son père n'avait rien remarqué et sa mulâtresse lui répétait à l'oreille : Voyez-vous comme M. Stone s'empresse d'aller au-devant de vos désirs !

VI

C'est que j'ai rencontré des regards dont la flamme
Semble avec mes regards ou briller ou mourir,
Et cette âme, sœur de mon âme,
Hélas! que j'attendais pour aimer et souffrir!
EMILE DESCHAMPS.

Nous avons laissé Olmédo errant avec ses pensées au milieu de la forêt. Sa présence dans la clairière avait été si fortuite, et sa rencontre avec l'individu que nous connaissons déjà sous le nom de Cahours si inattendue qu'il ne remarqua point sa grossièreté. Du reste, il ne lui avait adressé la parole que comme forme de contenance, car il connaissait parfaitement la forêt, la Roche-Noire et la rivière.

Cependant la lune commençait à pâlir et l'aurore blanchissait l'horizon, quand il aperçut encore loin, bien loin de lui un pic aride et sauvage, formé de trois énormes rochers entassés l'un sur l'autre, et qui se dressait comme un géant solitaire au milieu de la plaine.

Ce pic est connu sous le nom de la Roche-Noire. Les plantations qui l'environnent sont les plantations d'Olmédo. Il fut bientôt de retour chez lui et quelque temps après sa mère lui disait :

— Tu me causes toujours de l'inquiétude, ô mon fils ! D'où viens-tu seul ainsi? tu as été bien loin, car ton cheval est bien fatigué ?

Olmédo ne répondait pas.

— Pourquoi donc cet air distrait? C'est moi qui te parle, mon fils, c'est ta mère; réponds-lui. Tu l'affliges... je te vois soucieux, rêveur, et je ne puis obtenir de toi un mot, un regard pour calmer mon inquiétude.

— Mère, vous savez que je connais parfaitement le pays. Je voulais essayer mon cheval. J'ai peut-être été loin, mais il n'y a rien là qui puisse vous inquiéter. Ce n'est pas la première fois qu'il m'arrive de me promener ainsi, quand il fait beau, des nuits entières. D'ailleurs j'étais armé. J'ai toujours à l'arçon de ma selle deux pistolets chargés et sur moi un poignard.

— Ce ne sont point ces dangers qui me donnent de l'inquiétude, mon fils; mais ce que je voudrais savoir, c'est d'où te viennent ces momens de tristesse, qui, parfois, t'accablent. Je te vois distrait, rêveur; Olmédo, dis, ton cœur ne renferme-t-il pas un secret?... et ce secret, ne serais-tu pas heureux de le confier à une personne aimée?... Qui peut t'aimer avec plus de tendresse que ta mère?... que ta mère que tu n'aimes plus maintenant....

Olmédo allait parler. Sa mère ne lui donna pas le temps de répondre; elle continua :

— .... Non, tu ne l'aimes plus comme autrefois, Olmédo;

Te souviens-tu de nos douces causeries du soir? tu me parlais alors de tes projets, de ton avenir, de ton ambition. Il n'y a pas long-temps encore que tu parlais de la jeune Amérique avec enthousiasme ; elle semblait avoir absorbé tout ton amour, déjà moi-même j'en étais jalouse. Olmédo, lorsqu'on prononçait devant toi les noms de Lafayette et de Washington, je voyais ton œil s'animer, et dans ton regard comme un éclair. Dis, ces grands projets que tu roulais dans ton âme sont-ils oubliés ? c'est moi maintenant qui t'en parle et tu restes pensif, rêveur, distrait. Alors, Olmédo, tu aimais ta mère comme tu aimais l'humanité, comme tu aimais la race noire dont tu rêvais l'émancipation, et tu voyais avec ivresse, par-delà des mers, s'élever Liberia et Ferdinando-Po.

Olmédo, tous ces généreux projets se sont-ils effacés comme un rêve? N'y a-t-il plus rien au monde que tu puisses aimer? C'est moi qui te parle et tu soupires. Sont-ce là des soupirs de regret?

Olmédo ne répondait rien ; son regard se promenait autour de lui. Il faisait de visibles efforts pour écouter sa mère, le respect le retenait auprès d'elle ; mais son esprit était ailleurs. Par momens, ses yeux étaient devenus humides, il les avait baissés; et quand sa mère avait parlé des grands noms de Lafayette et de Washington, elle avait pu voir errer sur les lèvres de son fils un sourire. Après un long silence elle continua :

— Je t'importune ; tu me trouves indiscrète, sans doute. Je dois me taire, puisque je n'ai point ta confiance. Je croyais la mériter. Dis-moi seulement que tu m'aimes encore et je vais te quitter, je n'insisterai plus.

Olmédo prit les mains de sa mère, les porta à ses lèvres.

— Restez, dit-il d'une voix étouffée ; pouvez-vous douter de votre fils ?

Il y eut encore un moment de silence. Olmédo pressait toujours les mains de sa mère ; celle-ci soupirait à son tour, une larme brillait dans ses yeux.

— Je n'ai jamais douté de toi, mon fils, continua-t-elle. Je sais ce que je dois, ce que je puis exiger. Je n'ai jamais prétendu occuper ton cœur tout entier. Tant que j'ai suffi à ton amour je me suis trouvée heureuse, mais je savais que mon bonheur ne pouvait toujours durer. Ta jeune intelligence s'est d'abord développée, et mes inquiétudes ont commencé le jour où je t'ai vu te passionner pour les idées grandes et généreuses que tu parais maintenant oublier, et cet oubli ne saurait me rendre ma sécurité passée. Dis, ce n'est plus l'intelligence qui brille maintenant ; c'est la sensibilité qui s'allume, c'est ton cœur qui brûle, n'est-ce pas, Olmédo ?... Ces rêveries profondes, ta tristesse, ta joie et ton audace, c'est de l'amour... et pour toi mon inquiétude redouble ; car moi seule, mon fils, je sais comment tu peux aimer. Je sais que ma tendresse pour toi ne peut combler le vide de ton âme ; mais alors qui pourra t'aimer comme je t'aime ! Oui, mon fils, je crains pour toi d'amères déceptions. Tu n'as jamais connu la peine, tout jusqu'ici a réussi au gré de tes désirs ; tu es né avec de la fortune, tu voulais de la gloire : déjà ton nom se répète sur les deux continens ; tes rêves de liberté, d'émancipation ont retenti dans les deux Amériques. Olmédo, si la gloire t'a souri, si tes rêves pour un instant ont paru se réaliser, combien il te serait pénible de les voir tout-à-coup s'évanouir et ne laisser après eux que le vide d'un nom retombé dans l'oubli ?... Eh bien, mon fils, tout cela n'est rien.

Dans tes rêves, aujourd'hui c'est une femme ; non, un

ange, n'est-ce pas, Olmédo, que tu poursuis? Tu pares ton amante de tous les trésors de qualités que l'on peut imaginer; tu la crois bonne et sincère, parce que tu la vois belle et que tu ne supposes pas que la beauté puisse être autre chose que le symbole de toutes les perfections : tu le crois, parce qu'il devrait en être ainsi.

Alors que serait-ce, si après avoir eu foi dans cet ange, après lui avoir donné tout ton amour, parce que tu croirais avoir reçu le sien en échange (oui, n'est-ce pas, tu te croirais aimé, parce qu'on te l'aurait dit tout bas, avec un long soupir, avec un doux regard, en te serrant la main) que serait-ce, dis-je, si tu voyais que cet ange, qui n'était qu'une femme, allait te tromper?

O jamais! jamais! s'écria Olmédo.

— C'est cela : tu n'y croirais pas, tu voudrais encore étendre les bras pour saisir ton idole; mais, dans ta vaine étreinte, tu n'embrasserais que le vide et tu te trouverais seul en présence du néant; parce que celle qui t'a dit : je t'aime, aurait menti!

— Oh! non, s'écria Olmédo, elle ne saurait mentir! ne blasphémez pas!

Et le jeune homme se cachait la tête dans ses mains comme pour ne pas voir le tableau qu'on venait de lui exposer, puis il se fit un profond silence. . . . .

. . . .

Olmédo écoutait sa mère; elle parlait à voix basse. C'était un échange de mots sans suite; il eût fallu être bien près pour entendre ceux-ci :

— Enfin, mon fils, dis quel est son nom?

Au mouvement des lèvres du jeune homme on eût seulement deviné que ce nom était celui d'Anna.

VII.

> Vos regrets me vengeront un jour des maux que vous me faites.
>
> *La Nouvelle Héloïse.*

Il y a un grand remuement dans la clairière, à la hutte des boucaniers. Ce sont des mulets et des nègres occupés à charger des peaux. Tout est en mouvement : les chiens hurlent, ils courent, ils sautent ; les nègres suent, ployés sous leurs fardeaux ; ils sont plus chargés que les bêtes. Tout le monde travaille. Cahours et son compagnon, tout en pressant les nègres et les bêtes, causent avec toute l'énergie que peut donner au langage les jurons les mieux articulés, et avec toute l'expression qu'il peut recevoir de l'accompagnement du geste, lorsque ce geste se traduit par un coup de fouet que le vigoureux Cahours applique sur les chiens, sur les mulets, sur les nègres, souvent sur les nègres. Son compagnon, malgré l'air d'autorité qu'il emploie encore assez souvent, ne peut arrêter

Cahours au milieu de ses argumens énergiques, dont les nègres ne sentent que trop la conséquence. C'est en vain qu'il lui représente que plusieurs d'entre eux portent des marques trop vives de ses coups, leur sang suinte à grosses gouttes sur la peau noire de leurs cuisses où l'on aperçoit de longues traces violettes; rien ne l'arrête et cependant, dans ces circonstances, plus d'une fois son compagnon l'avait désarmé de son fouet. Il faut qu'il y ait urgence pour faire ainsi accélérer le travail.

Cependant les mulets sont chargés, la hutte et le hangar sont vides, l'ordre du départ de la caravane est donné, les deux boucaniers suivent de loin, à pied.

Ils s'entretiennent de leur expédition, des chances de réussite, du succès futur et du gain assuré. A toute chance favorable qu'allègue le vieux compagnon, Cahours sourit, de ce rire singulier qui, pour le moment, voulait dire : j'ai mieux que ça.

Au détour d'un sentier d'où l'on apercevait la ville, la conversation changea tout-à-coup.

— A propos, dit Cahours, vous en parlerez ce soir à miss Anna, n'est-ce pas?

— Du tout; je t'ai donné ma parole, tu seras mon gendre. Je crois que tu conviens à ma fille, mais je n'en parlerai qu'à notre retour.

— Oui, mais...

— Mais quoi, morbleu, tu as ma parole, que veux-tu de plus? je suis maître, je crois!

— Et bien oui, mais si.....

— Triple tonnerre! il me semble que quand j'ai dit quelque chose, ma parole en vaut cent. J'ai dit, ce sera.

— Je ne sais pas si je lui plais.

— C'est ta faute, imbécile, mais ça viendra. Tu es toujours d'une malpropreté épouvantable, fais donc un peu de toilette ; seulement pour manger à table, on se lave les mains. Morbleu, quand j'étais jeune, il fallait me voir auprès des femmes ! Et les bains d'eau de rose, pour qui donc est-ce fait ? On en prend deux, trois s'il le faut, pour se désinfecter, et puis, à bas la pipe, à bas le rhum ; que diable ! à la guerre comme à la guerre ! Mais près des femmes, vois-tu, j'étais à ne pas reconnaître. Allons donc, forme-toi, nous sommes riches, et si, quand tu auras dépensé une centaine de piastres dans une soirée pour être agréable à ma fille, tu ne lui plais pas, alors, nous verrons, je me charge du reste. Prépare-toi pour lui faire tes adieux ce soir. Et puisque tu fais tant que d'avoir aussi des modes de France, fais voir que tu sais les porter. Que diable, j'ai été jeune, je sais ce que c'est. On ne plaît aux femmes que par le luxe et les piastres, c'est notre beauté à nous, entends-tu ?

En finissant cette conversation, M. Stone et son associé entraient dans leur demeure.

VIII.

> Une lettre sèche bien des larmes ; si elle en fait couler, elles sont de tendresse.
>
> GABRIEL MIRABEAU.

Aussitôt que Cahours fut entré, son premier soin fut d'aller faire sa toilette. M. Stone s'en aperçut et, en père prudent, il ne voulut pas que sa fille, prise au dépourvu, fût éclipsée par son associé. On voyait évidemment qu'il craignait que Cahours ne la trouvât point assez belle, à la manière dont il dit à Ketty d'aller faire la toilette de sa maîtresse.

« Va Ketty, va trouver Anna ; tu lui diras que nous partons cette nuit et qu'avant de partir je veux la voir dans sa plus belle toilette ; j'ai mes raisons pour cela, entends-tu Ketty ? Je vais au port ; dans deux heures tu serviras le madère. »

M. Stone sortit, en effet, pour aller faire les préparatifs de son départ. Cahours travaillait activement à sa toilette. Ketty vint trouver miss Anna ; elle était dans son boudoir, devant une glace, jouant avec ses cheveux, cherchant à se coiffer d'un magnifique madras bleu et blanc.

— Miss, dit Ketty en entrant, M. votre père désire que vous fassiez une belle toilette pour ce soir. Il va rentrer dans deux heures et il veut vous voir pour vous dire adieu, car il part cette nuit.

— Eh bien, Ketty, nous allons nous faire belle; c'est encore une fantaisie de ce cher père. Tiens, vois-tu, jamais je n'avais été si contente qu'aujourd'hui et ma gaieté seule doit me rendre charmante; ne trouves-tu pas? A propos, cette coiffure, si je la gardais?

— Oh, miss, y pensez-vous? vous seriez coiffée comme moi, et M. votre père veut que vous soyez belle.

— C'est juste. Mais dis-moi Ketty, n'a-t-on rien apporté pour moi tantôt?

— Si fait, miss; c'est sans doute de la musique. Elle est sur votre piano.

— Anna courut au piano, prit un rouleau de musique, l'ouvrit précipitamment. Un petit papier en tomba. Elle feuilletait la musique avec impatience, et, après l'avoir parcourue plusieurs fois, elle devint triste.

— Vous cherchez quelque chose, miss? dit Ketty.

— Non ... cependant je croyais.... il devait.... Qui donc a apporté cette musique? ce n'est pas celle que j'attendais.

— C'est cela, miss; soyez-en sûre. Mais voici un petit papier qui est tombé quand vous avez ouvert le rouleau.

— Oh! donne, dit Anna avec une joie qu'elle ne put contenir; puis, elle ajouta : c'est la note du marchand.

— Dans ce cas, je vais la remettre à M. votre père; il ne veut pas que vous ayez le souci de payer : il vous aime tant!

Il se fit un moment de silence. Anna tremblait sous le regard indifférent de Ketty. Il fallait cependant sortir de cette situation. Ketty se dirigeait déjà vers la porte ; Anna la retint par le bras : arrête, lui dit-elle, et ses lèvres étaient devenues bleues de colère; arrête, te dis-je, ce billet est écrit par un jeune homme, je t'en préviens; si mon père le surprenait entre mes mains, je ne sais ce qu'il pourrait en arriver, et pourtant mon père m'aime beaucoup, tu le sais; il va au-devant de tous mes désirs. Mais ce qui arriverait certainement à l'intermédiaire qui me l'aurait fait parvenir? Ketty, tu dois le savoir! Celui-là mourrait sous les coups , comme l'esclave que Cahours a fait tuer l'autre jour pour je ne sais quelle niaiserie. Eh bien! tu sais cela Ketty, et tu voudrais être indiscrète!

Ketty tremblait à son tour. Elle se jeta aux genoux d'Anna. Il n'y avait pas de milieu : d'espion officieux il fallait devenir complice d'un fait dont, seule, elle aurait à répondre. Mais Anna ne l'écoutait plus ; elle lisait le billet sans faire attention à sa mulâtresse.

En ce moment , on entendit le galop d'un cheval sous la fenêtre de miss Anna. Elle s'élança aux jalousies vertes qu'elle entrouvrit, et, montrant du doigt le cavalier :

« Tiens, vois-tu, Ketty, dit-elle, ce jeune homme viendra demain demander mon père : si son navire part cette nuit, tu le recevras; si le navire ne part pas et que mon père soit encore à la maison, il ne faut pas le recevoir ; tu lui donneras un billet de ma part ; entends-tu , Ketty? de ma part. »

La jalousie se referma. Ketty se mit à tresser les cheveux de sa maîtresse, et toutes deux gardèrent le silence.

IX.

Jamais l'homme modeste et sensé ne prendra une pareille attitude.

LAVATER.

Cependant Cahours avait fait sa toilette. Il porte un habit noir, confectionné à Paris dans les magasins de Humann, depuis moins de deux mois; un gilet de satin blanc broché or; une énorme cravate multicolore piquée sur sa chemise par une épingle d'or, et nouée autour d'un col de batiste dont l'ampleur est le seul défaut. Joignez à cela un large pantalon blanc et des bottes vernies; puis, brochant sur le tout, une énorme chaîne d'or en sautoir pour porter sa montre, une autre plus petite pour porter son lorgnon et, enfin, de superbes camées aux doigts. (vous savez, les doigts qui manient si bien le fouet!)

Je dois, pour être juste, excuser Cahours sur la longueur de sa toilette; car il avait à part lui ses préoccupations auxquelles miss Anna n'était point étrangère.

Son père, se disait-il, ne veut lui rien dire avant notre départ : c'est égal ; car si je trouve un moment je lui expliquerai la chose en deux mots. Que diable, ce n'est pas si difficile. D'ailleurs, c'est une affaire arrangée ; il suffit de lui dire. Je puis lui plaire comme un autre ; j'ai ce qu'il faut pour cela.... A propos, n'oublions pas les piastres — et il en fourra dans toutes ses poches ; — puis, il se rendit dans la salle à manger où se trouvaient déjà Anna, M. Stone et le capitaine de son navire, excellent marin, gros et court, parlant et criant plus fort que la tempête, n'ayant pas son pareil pour la manœuvre, enfin un vrai loup de mer.

Le commencement d'un goûter est toujours silencieux. Peu à peu la conversation prend quelque intérêt.

— N'est-ce pas, capitaine, que l'on dit que ma fille est la plus jolie fille d'ici ?

— Oui, certainement, répondit le capitaine.

— Voyez donc ces diamans dans ses cheveux.

— Ah ! ce sont des diamans ?

— Je crois bien, morbleu ! Savez-vous qu'il y en a à chaque pour cinquante piastres !

— Oh, oui ; c'est possible.

— Vous comprenez qu'avec ça il n'est pas étonnant qu'on dise que ma fille est jolie.

— Dame ! c'est qu'il n'y en a pas beaucoup comme vous ; vous êtes bien le meilleur des pères.

Pendant cette conversation, Cahours faisait sonner ses piastres dans ses poches, en regardant les brillans de miss Anna. Il allongea devant elle sa grosse main rouge, plus rouge encore, parce que son habit lui serrait le bras. Il fit ce mouvement avec un air de supériorité et de fatuité que Richelieu ou Lauzun n'auraient certainement pas eu auprès de leurs victimes. Ce geste gracieux voulait dire évidemment :

« Et moi aussi, j'en ai pour cinquante piastres à chaque doigt. »

Miss Anna n'était nullement décontenancée : elle n'avait même pas baissé les yeux. Toute autre qu'elle eût rougi sans doute ; mais elle n'avait ni vu Cahours, ni entendu son père.

Après quelques phrases sur le départ, les vents, l'heure de la marée, etc., la conversation, de générale qu'elle était, se spécialisa. M. Stone se rapprocha du capitaine et se mit à parler avec lui un langage formé de mauvais français, de mauvais anglais et de mauvais espagnol, avec lequel ils s'entendaient à merveille, et ce qu'ils disaient les intéressait beaucoup. Cahours jugea l'instant favorable ; il se rapprocha de miss Anna. Ordinairement, il causait beaucoup et familièrement avec elle ; mais, pour le moment, il ne trouvait rien à lui dire, ou plutôt il ne savait comment commencer; car vous savez qu'il avait une chose importante à lui demander, et il pouvait le faire sans crainte d'être entendu de M. Stone ; car celui-ci s'abîmait de plus en plus dans sa conversation avec le capitaine.

Miss Anna était cependant comme à son ordinaire ; elle lui avait même adressé la parole plusieurs fois. Il eût fallu un œil bien exercé pour s'apercevoir que miss Anna semblait plus préoccupée que de coutume.

Miss Anna, dis-je, avait déjà plusieurs fois adressé la parole à Cahours, et celui-ci ne lui avait rien répondu, pas même, comme il arrivait quelquefois, une impertinence ou une grossièreté ; il n'avait été que gauche et maladroit.

Mais, enfin, il fut si directement interpellé qu'il se trouva dans la nécessité de répondre et de commencer, pour ainsi dire, à son corps défendant, une conversation qu'il avait si bien combinée à part lui, un instant auparavant, en faisant sa toilette.

« Voulez-vous me verser du madère, M. William, s'il vous plaît ? lui dit Anna. »

Et Cahours s'empressa de s'emparer d'une bouteille.

« Très-peu, je vous prie. »

Cahours en versa jusqu'au rebord du verre.

« Je vous disais très-peu, M. William, lui dit encore Anna; puis elle ajouta : vous n'en prenez pas? »

Cahours crut le moment favorable de lâcher sa bordée, suivant son expression. Aussi, il répondit sur-le-champ :

« Pardon, miss, j'en bois beaucoup, comme vous savez; mais vous boirez bien tout. Je vous parie vider cette bouteille tout d'une baleine. »

En disant ces mots, il s'était versé un grand verre de vin qu'il vida d'un trait, puis il posa son verre sur la table, se passa deux fois le dessus de sa main gauche sur les lèvres, mit la droite dans sa poche, pour faire résonner ses grelots, et redressa fièrement la tête vers miss Anna, en ajoutant :

« Oui, miss, je vous parie cent piastres. »

Malheureusement, Anna ne le regardait plus; elle ne l'avait peut-être pas même entendu. Toujours est-il que Cahours s'aperçut que sa pointe n'avait fait aucun effet. Peu à peu les piastres restèrent tranquilles et il n'eut plus d'autre embarras que de reprendre contenance.

Une des qualités de miss Anna, on a pu le remarquer déjà, c'était la docilité avec laquelle elle se soumettait à sa position.

Plus d'une fois, elle avait vu ses fleurs froissées ; ses plus belles romances n'avaient souvent été écoutées que par sa mulâtresse, elle n'en avait jamais gémi ; elle s'était créé des rêveries, dans lesquelles elle se complaisait, et si elle avait mis tant de charme, tant de passion dans sa voix, c'était pour l'objet de son rêve, en présence duquel elle était toujours, et qui l'absorbait tout entière.

Cependant, Cahours était rentré dans le silence ; sa position commençait à lui paraître équivoque ; il se tournait et se retournait sur sa chaise, à droite, à gauche, pour se rattacher à une conversation quelconque. Mais, d'un côté, M. Stone et le capitaine étaient de plus en plus enfoncés dans leur dialogue ; de l'autre, miss Anna était de plus en plus absorbée dans sa rêverie.

Cahours n'avait d'autre consolation que de n'avoir pas de témoins.

Il soupçonnait vaguement qu'il devait avoir l'air ridicule ; il ouvrait la bouche à chaque instant pour parler ; mais que dire ? d'un côté, une statue qui lui imposait silence ; de l'autre, le gros dos du capitaine.

Miss Anna promenait ses yeux autour d'elle et son regard qui se reployait sur lui-même, contemplait sans doute quelque gracieuse image. Le hasard voulut qu'il s'arrêtât, en apparence, sur Cahours, et dans ce moment même, sa pensée la faisait sourire, Cahours s'imagina qu'elle lui riait au nez.

Sa position changea en un clin-d'œil ; le ridicule s'effaça : il devint terrible. A son tour, il sourit de ce rire farouche que vous lui connaissez. Son œil gris-fer brilla sous son épais sourcil roux, ses muscles se crispèrent; il conçut pour Anna une haine monstrueuse et roula dans sa tête des projets de vengeance.

Il étendit encore sa main vers elle, non plus avec fatuité, mais avec audace et fierté. Il y avait dans son geste un défi, et si miss Anna eût pu le voir, elle eût certainement tremblé; car son air voulait dire : un jour, je saurai te briser.

X.

En ce moment la porte de la salle à manger s'ouvrit, la conversation de M. Stone et du capitaine fut interrompue. Cahours trouva un prétexte pour laisser déborder sa rage, qui s'exhala en injures contre le nouveau venu.

Ce nouveau venu, c'était M. Magloire, le commis de M. Stone, jeune homme fort timide et fort doux, qui, malgré l'habitude qu'il avait d'être brutalisé par l'un ou l'autre des associés, ne s'était jamais trouvé aussi rudement interpellé que dans cette circonstance. M. Stone ne pouvant soupçonner la cause de la brutalité de Cahours, lui imposa silence pour donner à son commis des instructions sur ce qu'il aurait à faire pendant son absence.

Il est inutile de dire que miss Anna s'était retirée dès le commencement de cette scène, sans avoir été remarquée.

On parla long-temps encore et fort. Magloire avait pris la place d'Anna ; la colère de Cahours s'était peu à peu calmée. Puis l'heure du départ étant arrivée, on se leva pour partir.

Ce fut alors seulement que M. Stone s'aperçut que sa fille était absente.

— Tiens ! où est Anna ? dit-il ; je voulais l'embrasser avant de partir.

— Elle est sortie depuis long-temps, dit le capitaine.

— Au fait, reprit M. Stone, notre conversation ne devait guère l'amuser. Tu ne lui disais pas grand'chose, Cahours ?

— Que vouliez-vous que je dise ?

— Comment ! ce que je voulais que tu lui dises ! Mais on a toujours mille choses à dire ; n'est-ce pas, capitaine ? surtout quand on parle à sa fiancée.

— A sa fiancée ? répéta le capitaine en s'inclinant devant Cahours.

— Oui, capitaine, à sa fiancée ; c'est encore un secret, car vous êtes la seule personne à qui je l'aie dit. Ma fille elle-même n'en sait rien et nous ne lui en parlerons qu'à notre arrivée.

Cahours sentait en lui fermenter toute sa haine ; il allait éclater contre miss Anna ; mais M. Stone croyant le comprendre, lui imposa silence.

— Non, Cahours, je n'en parlerai pas maintenant ; c'est plus prudent. Tu vas courir des dangers, et il est inutile de l'alarmer d'avance. J'aime trop ma fille pour l'exposer à tant d'inquiétude. Tu ne sais pas ce que c'est ; vois-tu, Cahours, on ne joue pas avec ces choses-là, que diable ; n'est-ce pas, capitaine ?

— Certainement, répondit celui-ci. On a bien raison de vous appeler le meilleur des pères.

Cahours fut donc contraint au silence, mais ce silence eut un terrible effet. Sa vengeance, de spontanée qu'elle était, devint réfléchie. Sur le moment, elle se serait exhalée en injures, en paroles grossières et brutales, puis tout eût été dit peut-être ; mais à la réflexion elle devint raffinée : un esprit comme celui de Cahours va loin et vite dans le mal ; il entrevit tout-à-coup un vaste champ pour épuiser sa haine.

. . . .

. . . .

Un navire est à la voile et cingle le cap au N.-E. La brise est fraîche, le ciel est étoilé. Au loin on découvre les feux du fort, qui scintillent dans la brume de l'horizon comme de monstrueuses étoiles. La mer est phosphorescente. On dirait que le navire s'avance avec un joyeux murmure dans un océan de feu, laissant derrière lui un sillage d'argent.

Oh ! que la nuit est belle! Olmédo, Anna, quelles peuvent être vos pensées, quels peuvent être vos rêves pendant une si belle nuit!

Un personnage appuyé sur le bastingage du navire, le regard dirigé vers la terre, rêve aussi ; c'est Cahours. Depuis un instant il est seul. Il cherche à se rendre compte de ce qui s'est passé pendant la soirée; il raisonne sa haine, il combine sa colère, il calcule sa vengeance.

Ce sera quelque chose de terrible pour Anna. Il lui réserve son amour.

XI.

Juste aussi haut que mon cœur,
SHAKESPEARE, *Comme il vous Plaira.*

Les vastes jardins de M. Stone s'étendent au loin derrière sa maison. Ils sont confusément plantés d'orangers, de cocotiers, de palmistes. Une rivière les traverse; l'eau est profonde et limpide; plusieurs ponts de bambous communiquent aux deux rives. Les cocotiers qui la bordent sont tellement touffus que les rayons du soleil y pénètrent à peine; même pendant la grande chaleur du jour on y respire un air frais.

C'était le théâtre des longues rêveries de miss Anna. C'était là qu'elle venait souvent consulter les grandes herbes ou les pétales des fleurs sur les secrets de son âme. Aujourd'hui elle s'y promène seule encore, mais sa démarche est inquiète. De temps à autre elle s'arrête, elle écoute, puis marche à grands pas. C'est en vain que l'oiseau chante, que le large papillon aux ailes nacrées voltige de fleurs en fleurs; elle ne voit rien, elle n'entend rien. Le couchant est superbe, la brise est fraiche et parfumée, la surface de l'eau est unie; elle frémit sous les caresses des insectes éphémères qui forment à sa surface une danse joyeuse et légère : tout est calme dans la nature. Le bourdonnement lointain de la ville est dominé par le murmure d'un filet d'eau qui s'échappe entre deux bambous. Miss Anna paraît seule agitée : elle est dans l'attente.

Mais bientôt Olmédo s'avança vers elle, accompagné de Ketty.

Le jour commençait à faiblir. Un léger brouillard s'élevait à la surface de l'eau. Ketty s'était appuyée sur un cocotier; elle regardait miss Anna. Celle-ci, penchée sur le bras d'Olmédo, lui abandonnait une de ses mains, Olmédo la pressait dans la sienne; l'autre s'égarait autour de la taille de son amie et la tête inclinée vers elle, il lui parlait tout bas.

Anna écoutait. Quelquefois elle levait ses grands yeux vers Olmédo; mais alors celui-ci se taisait. Un instant, leurs yeux restaient fixés l'un sur l'autre; puis, ils recommençaient à parler. De temps à autre, Anna répondait; elle disait un mot, mais tout bas aussi. Que pouvaient-ils se dire?

Ils causaient toujours, passant et repassant auprès de Ketty, toujours immobile, qui contemplait avec plaisir cette scène toute nouvelle pour elle. Oh ! qu'elle eût désiré entendre ce qu'Olmédo pouvait dire, car elle voyait sur les traits de miss Anna cet air de bonheur qu'elle avait admiré quelquefois dans son sommeil.

Elle n'entendait rien, et cependant ils passaient près d'elle, quelquefois à la toucher. Mais ils parlaient si bas, puis ils s'éloignaient. Ketty se fût en vain rapprochée; loin d'elle, près d'elle, c'était toujours la même voix et cette voix ne pouvait être entendue que d'Anna.

Le crépuscule s'avançait toujours; Ketty ne les apercevait plus que comme deux ombres légères et gracieuses dans la brume du soir.

Bientôt, il fallut se quitter.

On entendit alors comme le bruit de deux feuilles de rose qui se froissent, ou comme le contact de l'oiseau-mouche qui se repose sur une fleur, ou plutôt comme le bruit d'une légère étincelle électrique dont la commotion fait cependant tressaillir tout le corps. C'était un baiser.

Les mains de miss Anna restèrent un instant encore dans les mains d'Olmédo ; il les pressait légèrement, elle répondait à cette douce étreinte ; puis ils se séparèrent.

Olmédo s'éloigna par le sentier que lui avait indiqué Ketty. Anna le suivit quelque temps des yeux. Il se détourna pour l'apercevoir encore au détour du sentier. Il fit un geste dans l'ombre comme s'il eût porté sa main à ses lèvres en l'étendant ensuite vers Anna. Puis il disparut.

XII.

> Comme une tendre fleur que le soc a touchée,
> Dans les bras de Renaud, haletante et penchée,
> Elle s'évanouit.
>
> *La Jérusalem délivrée.*

Chaque soir ces scènes se renouvelaient, depuis bientôt quinze jours. Olmédo, par une porte détournée et que le hasard laissait toujours ouverte, se rendait auprès de miss Anna, accompagné de Ketty.

Déjà même les deux amans, sous les frais ombrages des cocotiers, calculaient le retour de M. Stone ; ils le désiraient pour pouvoir lui avouer leur amour.

Jamais la brise n'avait été si embaumée, jamais le couchant n'avait été si beau, jamais Olmédo n'avait dit des mots si doux, jamais miss Anna ne s'était montrée si aimante, jamais tous deux n'avaient goûté un bonheur plus pur.

Tout-à-coup, ils se retournèrent brusquement l'un l'autre. Ketty parlait avec quelqu'un.

La brume les empêcha de distinguer tout d'abord qui était venu troubler leur tête-à-tête, et leur premier mouvement fut de se séparer. Mais bientôt, pleins des idées qui les occupaient si agréablement, ils se rapprochèrent ; Anna s'appuya sur le bras d'Olmédo, et tous deux se dirigèrent rapidement vers Ketty.

— Ah ! c'est vous, monsieur Magloire, dit gaiement miss Anna.

— Tiens, c'est toi, Magloire ! dit Olmédo.

Magloire tressaillit.

— Quand revient M. Stone? quand revient mon père? dirent-ils à la fois.

— Miss, je disais à Ketty, répondit Magloire avec hésitation, je disais qu'il revient demain ou cette nuit.

— Ah ! tant mieux, dit Olmédo ; mon cher Magloire, j'attendais son retour avec impatience. Il y a long-temps que nous ne nous étions vus, et je ne m'attendais pas que tu serais le premier pour qui notre amour ne serait pas un secret ; mais c'était juste. Ne sommes-nous pas des amis d'enfance ? qu'as-tu donc? tu parais troublé !

— C'est vrai, je suis troublé. Tu as raison, Olmédo ; nous sommes des amis d'enfance ; aussi, puis-je te dire un mot à toi seul ? Miss, vous permettez ; il importe que je lui dise sur-le-champ.

Magloire et Olmédo s'éloignèrent. Anna, inquiète sans savoir ce dont il s'agissait, était sous le coup d'une vague terreur. Un regard d'Olmédo lui fit comprendre qu'il s'agissait d'elle ; Magloire lui racontait ce qu'il avait entendu le jour du départ de M. Stone.

Puis il s'éloigna en mettant un doigt sur sa bouche, en signe de silence.

Olmédo était anéanti. Il revint près d'Anna ; celle-ci voulut savoir ce qui s'était passé. Ils s'éloignèrent de Ketty.

Mais bientôt Olmédo lui fit signe d'approcher ; miss Anna s'était évanouie dans ses bras.

Il disait à Ketty : ce n'est rien, Ketty ; miss Anna aime tant son père !.. une fâcheuse nouvelle, et voilà tout... une perte commerciale... M. Stone a couru un grand danger... Sur mer il y a mille accidens. Mais ce n'est rien ; il ne faut même pas dire à M. Stone l'effet que cette nouvelle a produit sur sa fille. Vois-tu, Ketty, voilà qu'elle revient ; va mouiller encore son mouchoir.

Miss Anna, toujours penchée dans les bras d'Olmédo, la tête renversée sur son épaule, avait ouvert ses grands yeux. Elle revenait à elle et prononçait des mots comme ceux-ci :

Olmédo... à toi... pour la vie. Mais ces mots étaient dits si bas qu'Olmédo ne les aurait pas entendus, s'il n'eût été aussi près d'Anna.

Elle referma ses paupières et elle entendit murmurer jusqu'au fond de son cœur une voix qui lui répondait :

« A toi, Anna, pour toujours... »

Mais alors sur ses lèvres elle sentit quelque chose de brûlant, puis comme un frisson qui parcourut tout son corps et vint réveiller son âme.

Ses yeux se rouvrirent ; elle ne chercha pas à les refermer. Olmédo la regardait toujours. Lequel des deux était en extase pour contempler vivant et incarné, le rêve de ses pensées ?

Au retour de Ketty, miss Anna était complètement revenue. L'heure était avancée, il fallut se séparer.

Ketty ne savait rien. Les explications d'Olmédo lui parurent satisfaisantes, car elle répétait en s'éloignant avec sa maîtresse :

« Il ne faut pas parler de cet évènement à votre père. Il vous aime tant que ce serait l'affliger. D'ailleurs, il n'aura pas de suites graves ; il n'y paraîtra pas à son arrivée. »

XIII.

> A chaque coup mes yeux se ferment, mes oreilles tremblent et la plante de mes pieds frémit.
>
> *Stello.*

Cependant Olmédo en proie à la plus violente agitation, regagnait la Roche-Noire au grand galop de son cheval. Il passait rapide devant les troncs des bananiers et des cocotiers qui bordaient le chemin, et qui, dans l'ombre, paraissaient des fantômes alignés sur sa route. Le cheval, auquel il abandonnait les rênes, participait de l'agitation de son maître et devinait assez le trouble de son esprit, à la manière dont il se sentait les flancs labourés par l'éperon. A les voir ainsi galoper et bondir dans les ténèbres, on eût dit un esprit du mal emportant une âme égarée, par une nuit de sabbat.

Parfois Olmédo se retournait pour apercevoir la ville, pour

apercevoir le port, et son agitation augmentait toujours; il fuyait plus rapide encore.

Enfin, il arriva chez lui. Tout était silencieux. A son départ, il avait laissé sa mère heureuse de son bonheur; elle reposait tranquille; ses inquiétudes s'étaient évanouies le jour où elle avait reçu ses confidences. Depuis, elle avait partagé les sentimens de son fils, et, sans la connaître, elle avait déjà pour Anna autant d'amour que pour lui. Comment ne l'eût-elle pas aimée, au portrait qu'il lui en faisait!

Après sa course rapide, ce silence, cette solitude ramenèrent un peu le calme dans les idées d'Olmédo. Un vieux noir s'empara de son cheval. Il gagna sa chambre et s'étendit, brisé de fatigue, sur son lit.

La douleur physique avait pour ainsi dire étouffé la douleur morale. Il crut un moment qu'il pourrait dormir; il était dans un anéantissement complet.

Malheureusement, un *frappeur* (1) s'était introduit dans la chambre d'Olmédo. Il entendit de petits coups secs et répétés comme le bruit lointain d'une cloche d'alarme, et dès lors ses idées reprirent leur cours.

Que va-t-il arriver? se disait-il. Comment pourra-t-elle avouer à son père un secret qu'elle lui a trop long-temps caché?

(1) Le frappeur est un insecte ainsi nommé, à cause de l'habitude qu'il a de faire, pendant la nuit, un petit bruit, comme si l'on frappait avec un marteau une suite de petits coups secs et répétés; puis, il se tait un instant pour recommencer bientôt, et ainsi de suite jusqu'au jour.

Ce petit bruit ne saurait éveiller quelqu'un qui dort d'un sommeil, quelque léger qu'il fût; mais il est suffisant pour empêcher de dormir quelqu'un de préoccupé. (*N. de l'Editeur.*)

Pourra-t-elle résister à sa volonté de fer, s'il lui dit : Je veux !

Et il se représentait Anna, belle comme elle l'était toujours, parée comme une fiancée, s'avançant à l'autel d'une marche triste, mais résignée, poussée par quelque chose d'effrayant, qu'il n'osait regardait derrière elle ; et Cahours l'entraînant avec lui, Cahours, tel qu'il l'avait vu à la clairière, entraînant Anna dans sa hutte, sur les peaux entassées ; Cahours, teint de sang, couvert de poussière et de fumée, lui frayant un chemin au milieu des débris de bœufs sauvages, pour arriver à sa couche nuptiale ; il voyait.... grand Dieu ! c'était à en devenir fou ; car il voyait cela, lui Olmédo, lié sur le seuil de la hutte, non pas avec des chaînes qu'il aurait pu briser en voulant les rompre, ou qui l'auraient brisé ; mais il voyait tout cela, pétrifié sous le regard d'une figure impassible qui lui disait froidement : je n'ai pas voulu !

Alors l'anéantissement le ramenait à lui-même, car il se sentait défaillir. L'affreuse vision s'éloignait ; il sentait que ce n'était qu'un rêve, et le calme renaissait dans ses esprits.

Mais bientôt le frappeur donnait le signal, l'ombre se peuplait de fantômes ; il frappait, et Olmédo les voyait changer de formes, prendre des dimensions gigantesques et hideuses ; et dès que le tableau semblait pâlir, dès que les spectres paraissaient s'éloigner, le frappeur impitoyable semblait, en frappant à coups redoublés sur des timbales d'airain, rappeler à ce rendez-vous infernal les esprits des ténèbres.

Puis, au milieu de ces monstres, c'était Anna qu'il apercevait toujours, Anna tourmentée, levant vers lui ses yeux mourans, penchée sur le bord d'un gouffre où des gnomes affreux semblaient la pousser, et prête à se précipiter dans l'abîme pour éviter leur cruelle poursuite; tandis que lui, Olmédo, ne pouvait aller vers elle, toujours immobile et pétrifié sous le regard impassible d'une figure qui lui disait froidement : Je n'ai pas voulu!

Puis revenait l'anéantissement, puis d'autres tableaux, puis encore l'anéantissement, et toujours le frappeur donnait le signal d'une fantasmagorie nouvelle.

Au jour tout rentra dans le silence. Alors, seulement, Olmédo put goûter un instant de repos.

Quel repos! après une nuit pareille!

XIV.

> Parlez-moi d'un tel père ! il adore sa fille, et, sans regret pourtant, il la sacrifierait à l'orgueil, à la crainte, au plus vil intérêt !
>
> ANONYME.

Le lever du soleil, entre les tropiques, est le moment le plus délicieux du jour. La nature, ranimée par la fraîcheur de la nuit, apparaît plus belle qu'au crépuscule du soir.

Le ciel était pur, la brise alizée ridait à peine la surface de la mer, et la lame expirait en murmurant doucement sur la grève, des navires entraient et sortaient du port; et sur le port les matelots joyeux chantaient leur départ, d'autres chantaient leur retour. La gaieté des équipages était surtout excessive à bord d'un navire qui venait d'entrer. Sur le gaillard d'arrière de ce navire, à côté du capitaine, on apercevait M. Stone.

La renommée, cet oiseau qui, sous chaque plume, cache un œil pour tout voir et une bouche pour tout dire, sans savoir à quoi s'en tenir sur les sentimens d'Anna, n'en publiait pas moins la nouvelle d'une union prochaine.

La seule forme saisissable de cet oiseau curieux et bavard, c'est : on dit.

On, ce fâcheux indéfini, à l'ombre duquel circulent tous les cancans généralement quelconques ; on, l'éditeur responsable de toutes les nouvelles vraies ou fausses.

Aussi, les opinions étaient-elles partagées. On inclinait à croire que M. Stone avait promis sa fille à Cahours; mais on pensait aussi qu'Olmédo était le préféré. Quoiqu'il en soit, on se chargea d'avertir M. Stone, à son arrivée, de tout ce qui se passait. Aussi, M. Stone, malgré le bonheur qu'il avait eu dans son voyage, rentra-t-il fort mécontent. Jurant, tempêtant après ces maudits bavardages, il ne savait auxquels croire ; mais il voulait cependant les éclaircir.

Il avait une chose bien simple à faire, c'était de demander à miss Anna ce qu'il en était ; mais cette idée ne vint à M. Stone qu'en dernier lieu. Aussi, avant même d'avoir revu sa fille, il s'adressa à Ketty et la fit interroger vigoureusement, pour savoir d'elle qui avait répandu la nouvelle de l'union qu'il avait combinée pour sa fille avec Cahours. Il présidait lui-même à cet interrogatoire, posant les questions qu'un autre se chargeait de transmettre de la façon la plus sensible, et la malheureuse Ketty ne comprenait rien à ces tortures.

Ou plutôt elle comprit une chose : c'est que l'union de miss Anna avec Cahours ne plaisait point à M. Stone, puisque c'était pour cela qu'elle était battue ; et cette idée la fortifiant dans celles de sa maîtresse, elle endurait tout avec un calme stoïque.

M. Stone désespérant de la faire parler, avait déjà fait suspendre les coups. Il songeait même à trouver un autre moyen pour éclaircir cette position. Il venait de se souvenir que Magloire était présent lorsqu'il annonça ses intentions au capitaine; mais Ketty s'approcha de lui, et pour le convaincre qu'elle n'avait point parlé de Cahours à miss Anna, croyant encore en se disculpant faire plaisir à sa maîtresse, elle lui dit que miss Anna, non-seulement ignorait ses projets, mais encore qu'elle s'y opposerait; car elle aimait le planteur de la Roche-Noire.

Ce fut alors seulement que M. Stone comprit les bruits qui l'avaient accueilli à son entrée dans le port, et il se dirigea sur-le-champ vers les appartemens de sa fille.

Anna était dans son boudoir, étendue sur son hamac, pâle, abattue, les yeux enflammés, tellement différente de ce qu'elle était toujours que M. Stone s'en aperçut. Il fallait évidemment qu'elle eût bien souffert pendant cette nuit; il fallait qu'elle l'eût trouvée bien longue, si elle n'avait point dormi; et si elle avait dormi, quels rêves! quel sommeil!

Enfin, elle parut tellement souffrante aux yeux de M. Stone lui-même qu'il oublia sa colère pour s'informer de sa santé.

— Qu'as-tu donc Anna? lui dit-il; tu parais souffrir?

— Je n'ai rien, père; j'étais inquiète, je vous attendais.

— Mais jamais, après des absences bien plus longues, je ne t'avais trouvée ainsi à mon retour.

Miss Anna ne répondit pas.

La première impression de tendresse paternelle fut bientôt effacée, et peu à peu ses sentimens naturels reprirent le dessus. M. Stone ne vit plus que sa fille, pour laquelle il s'était engagé et qui résistait à son ordre, qui méconnaissait sa puissance.

Il se mit à marcher à grands pas, frappant du pied, jurant, injuriant sa fille elle-même, qui, toujours anéantie, restait immobile sur son hamac.

Aux paroles qu'il proférait, il eût été difficile de savoir au juste ce qui causait sa colère. Tantôt, il vantait sa tendresse paternelle, énumérait les preuves qu'il lui en avait données : on eût dit qu'il voulait confondre Anna sous le poids de ses bontés. Puis c'étaient des reproches ; et comme il avait parcouru la longue liste des bontés qu'il avait eues pour elle, il énumérait la liste de ses désobéissances et de ses ingratitudes, et il redoublait d'emportement et d'injures.

Puis il arrivait à son insoumission dernière. C'était le tour d'Olmédo, qu'il connaissait à peine et qu'il traitait avec tout le mépris qu'on a pour l'obstacle qui vous arrête, mais qu'on peut briser; d'Olmédo, qu'il traitait avec toute la hauteur de son impuissant dédain; d'Olmédo enfin, qu'il traitait comme sa fille.

Puis venait un parallèle nécessaire. Alors il s'apaisait un peu, il cherchait à donner à sa voix une apparence de douceur pour parler de Cahours ; et, dans le comble de l'aveuglement où l'égarait sa colère, il le comparait à Olmédo.

Puis il parlait de sa parole donnée devant le capitaine, de tout ce qu'il y a de sacré dans une parole échangée avec ou sans témoins. Oui, il disait devant Anna et qualifiait d'infâme celui qui manque à ses sermens.

Son amour-propre apparaissait là tout entier. C'était son impuissance qui allait éclater aux yeux du capitaine, aux yeux de Magloire, aux yeux de tous ceux qui s'étaient faits les échos de sa volonté : et il redoublait d'injures et d'outrages et, par une pente nécessaire, il en revenait toujours à la comparaison des deux rivaux.

Cependant cette colère diminua peu à peu. Anna, toujours impassible, se balançait sur son hamac. Elle n'avait rien entendu ; car son regard, triste et morne, ne s'était point rembruni. Ce n'était point évidemment la première scène de ce genre à laquelle elle assistait. Elle s'était habituée depuis longtemps, sur des contrariétés légères, à subir les plus grandes contrariétés. C'est pourquoi elle était calme et résignée.

Après avoir usé son emportement, M. Stone voulut employer les moyens de persuasion. Il se rapprocha de sa fille, et bientôt cet homme énergique, humble et soumis, en était réduit à prier; et ce quil réclamait avec plus d'instance, c'était un regard, un souris de sa fille qui, toujours indifférente, paraissait aussi insensible à sa prière qu'elle l'avait été à ses menaces.

Il vantait Cahours, il essayait d'en faire un portrait flatteur aux yeux de sa fille ; et ce nom, le nom de Cahours, comme une dérision amère, lui revenait sans cesse à la bouche, plus hideux encore que les qualités qu'il voulait faire briller.

Puis il se rappelait encore sa parole donnée, ses engagemens et ce qu'ils avaient de sacré, et il osait demander à sa fille, au nom de l'obéissance qu'elle lui devait, de sanctionner son choix.

Enfin, voyant que tout était inutile, sa brusquerie ordinaire reprit le dessus. Il ne pouvait arracher sa fille à ses pensées. Il s'éloigna en disant : nous verrons bien si tu l'aimeras toujours ; et si je ne puis vaincre ton obstination par mes conseils, par mes prières ou par mes menaces, alors nous verrons !

Et il sortit.

. . . .

Quelques heures après cette scène, Ketty se séparait de

M. Stone avec un air de discrétion étrange. Que s'était-il passé entre eux ? qu'avait-elle pu dire? je n'en sais rien. Seulement, elle répétait encore sa phrase d'habitude :

— Oui, vous êtes bien le meilleur des pères! Un jour miss Anna vous saura gré de ce que vous faites pour elle.

— Surtout de la discrétion, Ketty !

— Soyez sans inquiétude. J'aurai tous ses secrets et vous en serez scrupuleusement informé.

XV.

Amour pour amour, oubli pour oubli.

Lorsqu'Olmédo se réveilla, après avoir sommeillé quelque temps, il trouva sa mère assise auprès de son lit.

— Que s'est-il passé, Olmédo? ton sommeil était agité; tu me semblais sous l'impression d'un rêve pénible. Que te faut-il de plus? N'as-tu pas l'amitié de ta mère; ton amante aurait-elle....

— Oh! non, ma mère; elle m'aime encore plus, et moi je l'aime davantage. Hier encore je l'ai vue; jamais je ne l'avais trouvée si belle, jamais elle ne s'était montrée si bonne.

— Qui peut donc t'attrister?

— Son père, qui veut lui imposer un autre époux.

— Et c'est cela qui t'inquiète? tu craindrais qu'elle ne se soumît à sa volonté? Je ne connais pas ton rival; ne cherche pas à le connaître. Quelqu'il soit, ce n'est pas lui que tu dois examiner ; c'est ton amour pour elle, c'est son amour pour toi. Aime ton amante de tout l'amour qu'elle peut te donner, ne sois jamais en arrière vis-à-vis d'elle dans vos rapports d'affection réciproque. Tu dis qu'on veut lui imposer un autre époux ; crains-tu qu'on n'influence son cœur? prouve-lui que nul ne saurait l'aimer plus que toi. Crains-tu qu'on ne lui force la main ? Mais c'est impossible ; n'es-tu pas lié vis-à-vis d'elle comme elle est liée vis-à-vis de toi ? Ainsi, vois, Olmédo ; si tu étais parjure, toi ; si une autre pouvait te faire oublier Anna, de quel œil pourrais-tu te voir? Ta conscience ne te reprocherait-elle pas amèrement quelque chose ; et toute la peine que tu pourrais faire éprouver à l'amante que tu aurais ainsi délaissée serait-elle comparable à celle qui te rongerait intérieurement? Un remords éternel te poursuivant sans cesse, serait là pour empoisonner tes plaisirs ! C'est ce que tu éprouverais, n'est-ce pas, Olmédo ? Eh bien, tu le vois donc, les obstacles s'aplaniront ; mais souviens-toi que, quoiqu'il arrive, tu dois à ton amante amour pour amour, oubli pour oubli !

XVI.

> Dis-moi, repris-je, ami, par quelles influences,
> Mon âme, au même instant, pensait ce que tu penses
> . . . .
> Ecoute ton cœur battre et dis ce que tu sens.
>
> *Jocelyn.*

Le soir, à l'heure accoutumée, Olmédo se rendit par la porte discrète, et bientôt, sous les ombrages frais de la promenade silencieuse, il pressa dans ses mains les mains de son amante. Ketty, à sa place accoutumée, les suivait des yeux; et, plus indifférente encore à leur doux entretien, elle jouait avec des fleurs dont elle effeuillait les pétales.

—Que s'est-il passé, dis, Anna ? Si j'en croyais mes songes, de grands malheurs pèsent sur nous. Oh! que la nuit a été longue ! Ton père?

— Il sait tout.

— Qui le lui a dit?

— Je ne sais, Olmédo; mais tu le vois, près de toi, tout

souci disparaît. Il ne sera peut-être pas inexorable ; espérons ! Dis ; aujourd'hui, le jour est-il moins pur, la brise est-elle moins parfumée, mon amour est il moins grand pour toi ?

— Tu as raison Anna, mon amie ; tout souci s'efface. Oh ! que la nature est belle et qu'il est doux d'aimer !

Vois-tu là-bas sous l'herbe un lézard vert ? Ses écailles brillent, éclairées par un rayon de lumière, comme l'émeraude sur ton cou. Il cherche dans un coin du monde ce qui est tout un monde pour lui, il cherche le bonheur. Vers un but inconnu qui l'attire, il s'avance silencieux : je le suis encore, je le suis ; mais il disparaît.

Vois-tu là-bas dans un rayon de soleil, se jouer des milliers d'atomes. Ce rayon s'allonge à la surface de l'eau, qui frémit comme sous un baiser. Il y a quelque chose de vivant dans ces perles brillantes, qui s'agitent en réfléchissant aux yeux les plus belles couleurs de l'eau, de l'air et du soleil.

Vois encore cette fleur, Anna ; cette poussière qui couvre ses pétales emporte avec elle un germe de fécondité. La fleur qui s'épanouit s'ouvre au bonheur ; elle s'ouvre à la vie, Anna ; elle s'épanouit pour aimer. Tout vit, tout aime autour de nous ! Anna, la terre et les cieux nous parlent d'amour.

Il me semble entendre une grande voix qui murmure au fond de mon cœur des paroles de vie. Tu dois penser comme moi : dis, pour s'absorber, pour se confondre, nos deux âmes ne cherchent-elles pas au-delà de l'espace, au-delà du monde celui qui nous a donné un cœur qui ne bat que d'amour ?

Anna, lorsque le soir tes yeux s'égarent dans les belles nuits, cherchant une étoile parmi ces milliers de mondes qu'un bras d'amour suspend sur nos têtes, n'as-tu pas entendu leur harmonieux silence et comme un murmure de ces mots mystérieux que le Créateur dit à la créature, que le ciel dit à la terre, que le zéphyr dit à la fleur, que l'amant dit à son amante, que nous nous disons tout bas!

Il est grand, il est beau, il est bon celui qui nous écoute, celui qui entend le murmure de nos lèvres comme il entend le bruissement de l'insecte au fond du calice des fleurs! Dieu, source de bonté, beauté infinie que j'adore dans sa plus pure image, bénis nos cœurs et que notre prière s'élève vers toi, unie dans le souffle de notre haleine, unie dans nos baisers, unie dans notre amour!

Dis, Anna; comme deux fleurs qui croissent sur la même tige, que l'une se fane et tombe si l'autre s'en détache... Anna, ou mon cœur m'égare, ce que l'homme divise, Dieu sait le rapprocher; là-haut il est un asile où le caprice expire.... Anna, tu pleures; pardon, mon amie, je viens de t'attrister... Vois, tout s'endort pour se réveiller au bonheur. Ce que Dieu fait pour la plus humble de ses créatures, ne pouvons-nous pas l'espérer?

Puis il se fit un silence. Olmédo s'éloignait, gagnant la porte dérobée; Anna, penchée sur son bras, le reconduisait lentement.

Puis ce fut comme toujours: quand vint le moment de se séparer encore, des soupirs, des regrets, un baiser, deux mains avides de se serrer encore, de se serrer toujours, dernière expression de deux cœurs qui se sont tout dit. Puis ils s'éloignèrent, et bientôt tous deux, chacun de son côté, disparurent dans l'ombre.

—

XVII.

> Quand ie sens parmy les prez
> Diaprez
> Les fleurs dont la terre est pleine,
> Lors ie fais croire à mes sens
> Que ie sens
> La douceur de son halleine.
>
> RONSARD.

Olmédo s'avance à pas lents, il monte silencieux le sentier qui s'élève pour dominer la ville, ce sentier qu'il avait parcouru la veille si violemment agité.

Rien n'était pourtant changé dans sa situation, et cependant le calme était dans son âme. Il avait revu Anna.

Le rayon de lune qui dessinait comme des fantômes les troncs d'arbres qui bordaient le chemin n'effrayait plus son cheval, et le cavalier suivait encore les douces idées que son entrevue avait fait naître. Parfois il se retournait comme s'il eût entendu dans l'ombre le froissement de sa robe, et la brise, comme si elle eût encore agité contre ses joues les boucles des blonds cheveux d'Anna, le faisait doucement frémir. On eût dit qu'elle lui apportait encore un soupir, encore un baiser.

Cependant, miss Anna, de son côté, plus calme et plus tranquille, s'était retirée dans son boudoir. Les dernières paroles de son amant l'avaient sans doute attristée, mais de cette tristesse douce et suave qui charme tout en faisant pleurer.

Oui, je le conçois maintenant, se disait-elle, son amour est grand. C'est ainsi que je l'aime, c'est ainsi qu'on doit aimer.

O mon Dieu ! vous êtes la gloire et la joie de mon âme, vous êtes mon espérance et mon refuge au jour de la douleur ; c'est en vous priant, ô Dieu des miséricordes et des consolations, que j'ai appris à dire :

« L'amour est une grande chose, c'est un bien tout-à-fait grand, lui seul rend léger ce qu'il y a de lourd, et supporte avec égalité les inégalités de la vie.

» Il n'y a rien au ciel ni sur la terre de plus doux que l'amour, rien de plus fort, de plus étendu, de plus élevé, parce que l'amour est né de Dieu et qu'il ne peut trouver de repos qu'en Dieu.

» Celui qui aime connaît toute la force de ce mot : l'amour. C'est une grande voix qui va jusqu'aux oreilles de Dieu, que cette ardente affection d'une âme qui dit : Mon Dieu, mon amant, vous êtes tout à moi, je suis tout à vous.

» Celui qui n'est pas disposé à souffrir toute chose et à se conformer à la volonté de son bien-aimé, ne mérite pas le nom d'amant. Il faut que celui qui aime embrasse avec plaisir les choses les plus amères pour l'amour de son bien-aimé et qu'il ne se détourne point de lui, quelque chose de contraire qu'il arrive. »

Après cette prière, Anna s'était endormie. Le calme était revenu dans son âme, un heureux songe la faisait sourire, d'heureuses pensées embellissaient ses traits.

XVIII.

. . . . Mais la raison nous dit
Qu'un fils peut de son père oublier la défense
Quand, abusant des droits d'une juste puissance,
Ce père lui prescrit d'arracher de son cœur
Un penchant approuvé par le ciel et l'honneur.
Le Pourceau qui a perdu sa Perle.

Cependant Cahours était revenu.

Plusieurs fois il avait pensé à miss Anna, et le souvenir de ses charmes n'excitait pas moins les désirs de ses sens que le souvenir de son mépris n'excitait sa haine.

Cahours avait eu des rêves, des insomnies ; mais ce qui se passait dans ses pensées, pendant ces rêves, pendant ces insomnies, qui pourrait le savoir ? qui oserait le dire ? Il y avait là quelque chose d'affreux comme les désirs d'un monstre, à la fois hyène et hippopotame, qui voudrait s'unir à la colombe.

Et ce n'était pas assez de ce monstrueux mélange d'amour et de haine ; au milieu de tout cela il était jaloux.

11

Il ne pouvait expliquer que par la présence d'un rival le dédain de miss Anna et il redoublait de haine, à mesure qu'il sentait quelque chose en lui qui l'attirait plus puissamment vers elle.

Son premier soin auprès de M. Stone fut de lui rappeler sa parole donnée et de le presser de le présenter à sa fille. Le bruit public l'avait instruit de tout ce qui s'était passé ; il avait eu tout le temps de se préparer à son rôle. Il sut dissimuler.

Anna, depuis son entrevue avec M. Stone, n'avait plus rien entendu de ses projets ; il était même plus prévenant vis-à-vis d'elle, et ce silence l'effrayait plus que ses colères.

« Que se passe-t-il? » se disait-elle, et elle interrogeait du regard Ketty et son père. Il y avait dans ses pensées un doute qui ne s'effaçait qu'en présence d'Olmédo. Depuis l'arrivée de Cahours, elle était devenue plus triste ; d'un moment à l'autre elle s'attendait à le voir arriver avec son père, et elle appelait tout son courage pour soutenir cette entrevue. Elle était occupée de ces pensées quand M. Stone entra dans son appartement, accompagné de Cahours.

« Pardon, miss, si depuis mon retour je ne vous ai pas encore présenté mes respects ; des considérations puissantes m'ont fait différer jusqu'à ce moment. C'était à M. votre père de vous prévenir de cette entrevue ; il l'a fait, sans doute ; vous savez comme moi ce dont il s'agit. »

Anna allait l'interrompre, Cahours poursuivit :

« Veuillez m'écouter encore. Je ne viens point user ou abuser, si vous le voulez, de la parole que votre père m'a donnée ; il n'a su vous engager vis-à-vis de moi. Soyez libre, miss Anna ; c'est de vous que je veux savoir vos véritables intentions. »

Anna allait encore l'interrompre ; elle n'en eut pas le temps.

« Encore un mot, miss. Ce n'est pas votre réponse que je viens chercher aujourd'hui ; vous conviendrez avec votre père d'un délai pour réfléchir sur ma demande. En attendant, veuillez recevoir mes respectueux hommages, puisque l'on veut bien me permettre de vous exprimer mon amour. »

Un pareil langage dans la bouche de Cahours surprit tellement miss Anna et son père qu'ils ne surent quoi répondre.

Cahours s'inclina devant Anna en la laissant avec son père, tous deux diversement agités par cette étrange conduite, que ni l'un ni l'autre ne pouvaient comprendre.

Cahours s'était donc retiré ; il avait gagné en marchant à grands pas, d'abord, la rue, puis la campagne.

« Il était temps de sortir, se disait-il ; je ne pouvais plus feindre, j'allais éclater. Quand je levais les yeux sur elle, je sentais s'allumer ma haine, et quand je les baissais pour éviter son dédaigneux sourire, je sentais s'allumer mon amour.

» Oui, elle est bien belle. Pourquoi cela ? je n'en sais rien ; mais il y a quelque chose qui m'attire vers elle. Je sens comme un vertige qui éblouit mon regard, qui fait bouillir mon sang dans mes veines. Oh ! si c'est là de l'amour, quelle frénésie !

» Et j'ai pu me contraindre, et j'ai pu faire mentir ma voix, et seulement j'ai pu parler !

» J'entendais le moindre de ses mouvemens ; le frôlement de sa robe me faisait frémir. Je l'entendais respirer ; le souffle de son haleine doit être enflammé , c'est lui qui me brûle. Qu'importe , pourvu que je sente contre ma chair de la chair qui vive et qui respire.

» Oh ! oui je l'aime , car je la veux , je veux la posséder.

» Anna , Anna , mais elle me méprise , je dois la haïr ; oh oui , je la hais. Pour l'aimer, il faut être beau comme elle , et moi je suis laid. Oh malheur ! j'ai pu me contraindre , et j'ai pu faire mentir ma voix , et je ne lui ai pas dit : Et moi aussi , je vous hais. Non , je ne le lui ai pas dit ; je lui ai parlé d'un autre. Amère dérision ! L'enfer ne s'est pas ouvert devant moi.

» Elle ne le préfère que trop , et déjà sa pensée le voit heureux de mon abnégation volontaire. Elle croit que c'est ainsi que les requins lâchent leur proie. Anna , tu serais trop heureuse si seulement je te haïssais.

» Non , je ne la hais pas.... mais alors je l'aime ? — Et sans doute , puisque je suis jaloux d'Olmédo.

» Olmédo.... Olmédo , il me semble que je serais heureux s'il n'existait plus , lui.... Oh ! s'il était là devant moi.... Si , d'un mot , je pouvais le faire périr.... si j'osais !... j'oserai. »

XIV.

> Eh quoi ! je tiens le jour d'une main ennemie,
> C'est une Capulet qui m'a sauvé la vie.
>
> SHAKESPEARE.

La chaleur du jour était devenue accablante. Cahours, sans savoir où ses pas l'avaient conduit, s'étendit à l'ombre, au pied d'un arbre. Il avait erré au hasard, sans but, sans savoir où il allait. Seulement, il éprouvait le besoin de fuir, pour ne pas compromettre ses desseins en les précipitant.

Il ne s'était aperçu de la chaleur que par un mal de tête plus violent. Il était vers midi quand il tomba épuisé de fatigue. Bientôt il s'endormit.

Quelles pensées devaient l'agiter pendant ce sommeil ! Il y avait dans ses crispations nerveuses quelque chose qui le rendait horrible, et cependant il dormait toujours. Cette repoussante laideur était le reflet de son rêve.

Ce rêve dura long-temps.

La chaleur du jour s'était dissipée et il dormait toujours; seulement, son sommeil paraissait plus paisible. C'était l'heure à laquelle Olmédo se rendait auprès d'Anna; il avait hâte d'arriver; comme toujours et plus encore il craignait qu'un évènement nouveau ne fût venu compliquer sa situation.

Arrivé à un détour de la route, précisément à l'endroit où Cahours dormait, son cheval s'arrêta subitement; il se mit à hennir. Olmédo jeta les yeux autour de lui pour voir qui effrayait ainsi son cheval, et il aperçut cet homme étendu sur le bord du chemin.

« Est-ce que tu aurais de la haine, Coco? dit-il à son cheval en le caressant sur le cou; allons, passe. » Et il lui faisait en même temps sentir la jambe. Mais le cheval hennissait toujours, comme à l'aspect d'une bête dangereuse, en s'éloignant de l'endroit où Cahours était couché. Olmédo employait le geste et la voix pour le faire passer. Le cheval se cabrait sous lui; tout était inutile. A chaque coup d'éperon il bondissait, mais il restait à la même place.

Il y avait quelque chose d'étrange dans l'instinct du cheval. Olmédo, en même temps que pour reprendre haleine, s'arrêta pour considérer Cahours plus attentivement. Son sommeil n'avait point été troublé par le hennissement du cheval, ni par le bruit de ses écarts; il dormait toujours. Seulement, Olmédo le voyait respirer péniblement, comme sous le poids d'un sommeil magnétique. Tout-à-coup il comprit pourquoi son cheval ne voulait point passer. Alors il retourna sur ses pas, mit pied à terre, après avoir appelé un négrillon qui jouait dans un champ voisin et auquel il confia la bride de son cheval, il prit ses deux pistolets à l'arçon de sa selle, apprêta son poignard et s'avança lentement vers Cahours.

Bientôt il fut près de lui, à le toucher pour ainsi dire; ses deux pistolets armés et son poignard entre les dents, il regardait, il considérait Cahours, il cherchait l'endroit où il devait frapper.

Rien dans la plaine; les champs étaient déserts. Autour de lui la solitude, excepté le négrillon retenant le cheval qui se cabrait toujours.

Olmédo regardait Cahours avec une anxiété toujours croisssante. Il s'assura de l'amorce de ses pistolets, il essaya sur son doigt la pointe de son poignard, il retint sa respiration, crainte de faire le plus léger bruit. Alors sa figure s'anima; il ajusta l'un des pistolets dans la direction de la tête de Cahours, mais il s'arrêta un instant; sa main tremblait : il n'était pas sûr de son coup.

Une seconde pour se remettre de son émotion fut pour lui un siècle; il craignait que Cahours ne vînt à se réveiller.

Il ajusta de nouveau en se rapprochant plus près encore, et il appuya lentement son doigt sur la détente. Cette fois son bras ne tremblait plus; le coup partit.

Cahours se réveilla en sursaut, Olmédo avait déjà disparu dans un massif d'arbres. Étourdi de cette détonation, qui s'était faite à son oreille, Cahours ne sut d'abord d'où le coup était parti, ni quelle en était la cause. Il regardait autour de lui avec étonnement.

Mais bientôt sa figure prit une expression horrible. Il comprit le danger qu'il avait couru et il eut peur. Un bruissement dans l'herbe le fit frémir : il entendit un bruit d'osselets qui se choquent, accompagné d'un sifflement aigu et suivi d'une seconde détonation. C'était l'agonie du serpent à sonnettes, qui l'avait fasciné pendant son sommeil, et il se jeta à genoux en s'écriant : « qui que tu sois, étranger à qui je dois la vie, merci !.... » mais il ne put continuer, il aperçut Olmédo regagnant son cheval en essuyant ses pistolets. De son côté, il s'éloigna dans un champ pour éviter sa rencontre. Un instant après, le cavalier et son cheval passèrent au galop devant lui.

XX.

> Je ne crois au danger que quand je le touche
> et je l'oublie dès qu'il est passé.
>
> G. SAND.

Cependant Olmédo avait continué sa route. Il était auprès d'Anna. La première effusion des deux amans était déjà passée ; tous deux avaient sujet d'être contens. Anna, de ce que Cahours avait dit devant elle dans la matinée et qu'elle racontait à Olmédo ; celui-ci, de ce qu'il venait de faire et dont il se taisait.

Ketty s'avança vers lui pour lui remettre un billet sur lequel étaient écrits ces deux mots, à la hâte : « prends garde, on t'observe. »

— Qui t'a remis ce billet, Ketty ? dit Olmédo.

— C'est M. Magloire, répondit-elle tout bas. Puis elle s'éloigna, indifférente comme toujours.

— Anna, qu'est-ce que cela veut dire ?

— Je ne sais, mon ami ; c'est l'heure où mon père s'absente pour aller au port. Qui peut nous observer ? Cahours, sans doute ?

— Impossible. Je l'ai rencontré il y a quelques instans sur la route de la Roche-Noire.

— Alors, c'est peut-être quelque nègre de mon père ? Ketty, tu n'as vu personne dans les jardins ?

— Personne, miss.

— C'est égal, Olmédo ; éloignons-nous d'ici. Je ne sais quelle vague terreur me poursuit depuis que j'ai vu ce billet. J'étais si heureuse aujourd'hui. J'attendais ton arrivée avec impatience ; il me semblait que tu arrivais moins vite, parce que j'avais de bonnes nouvelles à t'annoncer. Oui, mon ami, tu étais en retard aujourd'hui, ou mon impatience était plus grande.

— C'est ton impatience, Anna, mon amie ; j'avais hâte d'arriver comme toujours, sois-en sûre ; mais comme toi, je suis inquiet. Je connais Magloire ; depuis l'aveu qu'il a reçu de nous, je ne l'ai pas revu ; mais je suis sûr de sa discrétion. Il faut qu'il ait surpris quelque secret étrange et qu'il soit dans l'impossibilité de nous avertir autrement, car je connais son amitié pour moi ; aussi je ne puis m'empêcher d'être triste. N'ai-je pas tout à craindre de ton père ?

— Oh ! non, pas de lui, Olmédo ; ne l'accuse pas. Au fond, il est bon et généreux ; je saurai le ramener. Je crains plutôt Cahours. Il y avait quelque chose d'extraordinaire en lui quand je l'ai vu ce matin. Plusieurs fois j'ai voulu l'interrompre ; il parlait toujours, lui qui ne dit jamais rien. Ses phrases étaient apprises d'avance. Je ne sais quel vague sentiment me fait tout craindre de lui. Il faut nous quitter maintenant ; demain peut-être nous saurons ce que veut dire ce mystère; je tâcherai de voir Magloire. Olmédo, il faut nous séparer; je crains Cahours. Je ne sais pourquoi je le crains, mais quand je pense à lui je me sens trembler.

— Sois tranquille, mon Anna; si tu crains que notre entrevue ne soit découverte, je veux bien me retirer déjà; mais rassure-toi, Cahours ne saurait nous nuire. Ce qu'il disait ce matin était sincère et il en a déjà reçu la récompense.

— Que veux-tu dire, Olmédo?

— Rien, mon amie. Seulement, je te le rappelle : ne crains rien de Cahours. J'ai mes raisons pour te parler ainsi.

— Alors, monsieur, dit Anna en boudant de la façon la plus gracieuse, comme les jolies femmes savent seules bouder, alors, monsieur, je veux savoir vos raisons.

— C'est inutile, Anna, tu ne dois pas insister.

— C'est ainsi, n'est-ce pas, monsieur, qu'on n'a qu'un cœur, qu'une âme, mais deux pensées? Je veux savoir vos raisons; ne serait-ce que pour ma tranquillité, vous devez les dire.

— Non, mon amie, n'insiste pas, ce n'est rien, une conjecture fondée sur très-peu de chose, un fait insignifiant. Ma discrétion te fait-elle douter de mon amour?

— Eh bien, non, Olmédo, je n'insiste pas; ne me dis rien, sois discret. Je crois à ton amour : tu parles et cela suffit. Tu m'as dit que tu as vu Cahours ; puis tu me dis que tu as tes raisons pour penser qu'il ne saurait nous nuire, alors il s'est passé quelque chose entre vous deux. Je n'insiste pas, puisque tu penses que je puisse douter de ton amour ; mais toi, mon ami, ne doutes-tu point de l'amour d'Anna, puisque tu n'oses pas lui confier un secret? Olmédo, tu ne connais point Cahours; dis-moi ce qui s'est passé.

— Tu le veux, tu insistes?

— Au nom de notre amour...

— Eh bien, mon Anna, Cahours que tu parais tant redouter, me doit beaucoup, car il n'y a qu'un instant...

Les deux amans s'étaient écartés du lieu ordinaire de leurs promenades; ils furent interrompus en ce moment par Magloire, qui s'avançait vers eux.

—

XXI.

> Méfions-nous de notre premier mouvement et n'y cédons jamais sans examen, car il est presque toujours bon.
>
> *Axiome.*

Nous avons laissé Cahours dans un étonnement stupide, au milieu d'un champ, regardant passer Olmédo. Les effrayans effets de la morsure du serpent à sonnettes, le miracle qui l'en a préservé et par-dessus tout cela son amour, sa jalousie, sa haine, ses projets de vengeance accumulés sur une seule tête et se résumant dans la personne de celui à qui il doit la vie; tout cela suffisait pour bouleverser ses idées.

Un instant il crut rêver, un instant il crut que ce dernier évènement était un épisode des rêves affreux qui avaient agité son sommeil; il se tâtait pour voir s'il ne dormait réellement pas.

Puis il s'avança au pied de l'arbre où il s'était endormi, il mesura la place de son corps sur le gazon froissé et reconnut à quelques pas de l'endroit où reposait sa tête une trace de sang, et cette trace de sang il la suivit dans le buisson et à travers les feuilles il vit se tordre le serpent à sonnettes. Un frisson glacial parcourut tout son corps et, pour la seconde fois, il eut peur. Mais bientôt il vit la tête du reptile gisante à quelques pas plus loin, blessée de deux balles et dardant encore sa langue comme pour menacer. Les doutes de Cahours étaient dissipés; il regagna la ville ...

Il marchait toujours pour ainsi dire au hasard, lorsqu'il aperçut Olmédo devant lui et il se mit à le suivre.

Olmédo, pour se rendre auprès d'Anna, passait d'abord à cheval sous ses fenêtres, puis par des rues détournées. Il rentrait bientôt à pied dans la campagne pour se rendre à la porte des jardins de M. Stone. Ce fut dans une de ces petites rues étroites qu'il fut aperçu et suivi par Cahours.

Celui-ci, tout entier sous l'influence de l'action généreuse d'Olmédo, sentit remuer en lui quelque chose comme de la reconnaissance. Il suivait machinalement et de loin comme quelqu'un qui craint d'être remarqué. Si dans ce moment Olmédo se fût retourné, s'il fût venu à sa rencontre, Cahours se serait jeté à ses pieds.

Quelquefois il marchait plus vite qu'Olmédo. On eût dit qu'il était entraîné vers lui par une puissance supérieure à lui-même. La force d'une bonne action est telle qu'elle ébranle parfois les cœurs les plus endurcis, et Cahours n'était point encore endurci; il n'avait que des instincts féroces, des appétits cruels. Aussi, il chancelle dans ses résolutions de haine, il oublie Anna, il oublie Olmédo pour ne voir que l'homme qui lui a sauvé la vie. Il s'arrêta un instant comme pour prendre une détermination, et entraîné par cette force invisible qui l'avait déjà précipité à terre sur le moment même de sa délivrance, il se dirigea rapide vers Olmédo qui était au détour de la dernière rue qu'il allait parcourir.

Le sentiment de sa propre conservation agissait ainsi sur Cahours, il était reconnaissant de bonne foi. Il éprouvait le bonheur de vivre et il sentait vaguement qu'il tenait à la vie, sans savoir pourquoi il avait peur de mourir.

Il était déjà arrivé au détour de la rue, lorsqu'il aperçut Olmédo qui n'était plus qu'à quelques pas de lui. Mais il s'arrêta tout court, fit un pas en arrière et vint se coller la figure à l'angle de la muraille qui lui dérobait Olmédo. De là, respirant à peine, il l'observait, l'œil encadré entre deux pierres.

Olmédo s'avançait vers la porte dérobée des jardins de M. Stone.

Sa pensée lui retraça du même coup Anna, son amour, sa jalousie, sa haine. Il comprit alors ce qui le faisait tenir à la vie, ce qui lui faisait chérir l'existence. Olmédo venait de refermer la porte sur lui; il ne put ni voir ni entendre Cahours qui, le désignant du doigt, s'écriait derrière lui : « Je te remercie de m'avoir sauvé la vie, Olmédo, car il est doux de vivre; oui, il est bien doux de vivre pour se venger. »

XXII.

> J'ai toujours ouï dire, Sancho, que c'est écrire sur le sable que de faire du bien à des méchans.
>
> *Don Quichotte.*

Un instant après, Cahours armé d'un poignard trempé dans le suc du mancenillier, se cachait dans un massif, derrière un palmiste, l'œil fixé sur la porte, en attendant la sortie d'Olmédo.

Oh! oui, j'oserai, se disait-il ; il manquait quelque chose à ma haine. Anna, je t'aime, parce que tu es femme ; je te hais, parce que tu es belle. Oui, je te hais, parce que je sais que tu dois me haïr. Mon visage te fait peur? Si tu voyais mon âme... si j'en ai une? Oui, je te hais, et pourtant je suis jaloux d'Olmédo. Je le hais, parce que comme toi il est beau ; parce que comme tu le serais, il fut généreux. Je le hais, parce que je lui dois la vie.

Qu'y a-t-il de commun entre vous et moi? — vous, que je voudrais écraser comme ce ver luisant sous mon pied, parce qu'il brille; — vous que je déteste, parce que le ciel est dans vos pensées et que l'enfer est dans mon cœur; — vous, enfin, que je hais comme Satan hait Dieu.

Oh! oui, tâchons de dissimuler encore et toujours. Je te briserais, mon bon poignard, si tu disais à quoi je te destine. Je n'exige de toi qu'une piqûre; cela suffit, n'est-ce pas, mon bon poignard?

Et je vais le suivre. C'est là-bas, au détour du sentier, que je veux l'atteindre. Je lui montrerai ce qu'on fait d'un rival endormi. L'imbécile, qui a tué le serpent! — Ah! ne suis-je pas mille fois plus à craindre pour toi que ces reptiles. Il fallait me laisser dormir, et nous aurions vu au réveil lequel des deux, du serpent ou de moi, eût fait peur à l'autre.

Nous nous connaissons eux et moi, nous pourrions nous entendre. Ils ne sauraient me mordre, Olmédo; leurs dents s'useraient sur ma chair, et tout leur venin est moins corrompu qu'une goutte de mon sang: ce sont des amis. Ce qui tue aime ce qui tue; la haine s'unit à la haine, la prudence à la prudence, et comme eux je hais, et comme eux je tue.

Telles étaient les pensées qui agitaient Cahours; mais personne n'était encore sorti : il attendait toujours.

Cependant, il commençait à s'impatienter; il se mit à parcourir les jardins. Il sentait qu'un accès de colère allait éclater, et il faisait tous ses efforts pour se contenir. Il marchait avec prudence, écoutant le moindre bruit, croyant entendre à chaque instant des voix dans l'ombre ; car la nuit était devenue noire.

Oh ! s'il eût rencontré Olmédo avec Anna, son sang bouillonnait au point de l'éblouir ; il voyait d'étranges clartés voltiger devant lui ; il les eût tués dans un moment d'aveugle fureur.

Il ne rencontra personne. Olmédo était depuis long-temps sorti avec Magloire, qui lui avait fait traverser la maison de M. Stone. Anna était rentrée avec Ketty.

Après avoir parcouru long-temps inutilement les promenades, il s'écria d'une voix concentrée, l'œil fixé sur la pointe brillante de son poignard :

C'est bien ; qu'ils m'échappent aujourd'hui. J'étais réellement insensé à mon tour. Les tuer d'un coup ? Oh ! non, je m'étais trompé. Il y a quelque chose de plus horrible que la mort... Et puis, qu'allais-je faire? — Après il sera temps encore.... Anna.... c'est trop peu de tuer.

Et il se mit à rire.

XXIII.

Agir est aisé, attendre est ce qu'il y a de plus difficile au monde.

G. Sand.

C'était la saison des pluies. Depuis quelques jours, il avait tombé des averses, et de la terre humide des vapeurs s'élevaient de toutes parts. La fièvre jaune commençait à sévir : déjà quelques étrangers avaient succombé ; les navires n'approchaient plus du port qu'avec défiance ; le pavillon flottait dans les airs pour avertir de passer au large et les pilotes ne répondaient aux capitaines européens qui voulaient aborder, que ce mot si tristement retentissant, quand on leur demandait : quelles nouvelles ?

La peste.

Les indigènes ne partageaient pas l'effroi que cette épidémie inspire. Pour eux rien n'était changé. Ils voyaient à peu près périodiquement s'accroître vers cette époque de l'année, les chances de mortalitéavec une indifférence que donne l'habitude du mal. Aussi les relations entre eux n'étaient nullement interrompues : les plus grands fléaux n'effraient qu'en perspective; la terreur qu'ils inspirent s'évanouit à leur approche.

Cependant, les rendez-vous d'Olmédo et d'Anna avaient été suspendus. Les deux amans ne s'étaient pas revus depuis le jour où Magloire était venu les interrompre.

Cahours avait l'air parfaitement calme, parfaitement indifférent. M. Stone s'arrangeait de manière à occuper ce qu'il nommait les instans de désœuvrement de sa fille, et Cahours, avec son air sournois, venait le relayer, de telle sorte qu'elle avait ainsi, sans qu'on lui eût en rien manifesté l'intention de contrarier ses volontés, une sentinelle perpétuelle à sa porte, un fâcheux de tous les instans, d'autant plus difficile à écarter qu'il ne s'imposait jamais directement.

Plus de quinze jours s'étaient déjà passés dans cet état.

Que d'inquiétudes pour Anna ! Elle forgeait une foule d'hypothèses pour expliquer cette longue absence d'Olmédo et surtout pour se rendre compte de son silence. A chaque instant, elle interrogeait Ketty du regard, ou lui demandait instamment des nouvelles de son amant, mais Ketty ne savait quoi répondre, Ketty même commençait à partager son inquiétude.

« Il est sorti, et William est rentré par les jardins; il ne peut donc l'avoir rencontré, se disait Anna. D'ailleurs, le lendemain, j'ai encore entendu à l'heure accoutumée, le galop de son cheval. — Il est venu. — Mais William et mon père ne m'ont pas quittée. — Je l'ai entendu repasser. — Il m'aura attendue où nous étions convenus, et je n'ai pu m'y rendre. — Il est encore venu le lendemain, — et le jour suivant, je l'ai entendu comme il repassait sous le balcon, et je n'ai pu lui faire comprendre que j'étais là. — Oh ! c'était bien lui. — Il était déjà parti, lorsque je fis signe à Ketty d'aller lui porter ce billet. — Depuis, je ne l'ai pas revu. — Qu'est-ce que cela veut dire ? Oh ! mon Dieu ! qui m'en dira des nouvelles? Je ne puis rencontrer Magloire, ou bien il est toujours avec mon père. — Par lui, j'espérais savoir quelque chose. — Ketty, le billet d'hier? donne vite, en voici un autre pour aujourd'hui. — Tu n'as vu personne ?

— Personne, miss.

— Eh bien ! veille encore. — Tiens, voici un nouveau billet. — C'est toujours la même chose. — Chaque jour, je le recommence, pour lui dire mon inquiétude, — chaque jour, mon inquiétude redouble, — et cependant, je ne puis dire autre chose, sinon que je suis inquiète.

« Le temps passe aussi rapide dans la douleur que dans le plaisir. Olmédo, une minute de retard, lorsque je l'attendais le soir, me paraissait un siècle, et depuis quinze jours, je l'attends.

« Et j'ignore ce qui peut le retenir, ce qui peut l'empêcher de me faire parvenir de ses nouvelles. — Hélas ! puis-je moi-même lui dire que j'attends. — Non, il faut qu'il soit empêché par une cause plus forte que sa volonté. Si c'était..... Grand Dieu ! on a signalé la présence de la fièvre jaune..... »

A cette pensée, Anna se mit à pleurer. Elle s'imagina que son amant était atteint de cette affreuse maladie. Cette idée, rapide comme l'éclair, fit éclater toute son inquiétude ; puis, elle se rappela que Ketty, par momens, avait l'air triste, et bientôt ce qui n'était que des soupçons pour elle, prit dans son imagination le caractère de la réalité. Le moment était peut-être venu où l'inquiétude d'Anna, arrivée à son comble, devait provoquer en elle quelques graves symptômes. Elle se mit à trembler de tous ses membres, une sueur froide couvrit tout son corps, ses lèvres étaient bleues et ses dents claquaient l'une contre l'autre.

Ketty essayait de la transporter dans son lit au moment où M. Stone entra.

—

XXIV.

Il y a plus d'une question dans la vie qui ne peut se résoudre par un calcul de piastres.

L'état de sa fille le toucha profondément. Il n'y comprit rien au premier abord et il crut voir les symptômes de la fièvre dont on avait signalé déjà quelques cas. Il envoya sur-le-champ chercher plusieurs médecins ; il leur offrit de l'or pour sauver sa fille. Déjà même, la croyant perdue sans retour, il eût volontiers donné sa fortune pour lui racheter la vie ; sa tête s'égarait.

Ketty, seule, conservait son sang-froid. Sa sensibilité, depuis long-temps émoussée, laissait libre le peu de jugement qu'elle avait et elle comprenait, vaguement peut être, mais elle comprenait assez, qu'il n'y avait là rien d'inquiétant ; car elle ne découvrait rien de ce que révèle au premier abord la funeste maladie qu'on redoutait. Lorsque les médecins arrivèrent,

M. Stone se jeta à leurs genoux ; il leur offrit de l'or, toujours de l'or, pour qu'ils lui rendissent sa fille. Il fallut que l'un d'eux lui fît sentir vivement l'inutilité de ses propositions pour s'en défaire ; il le fit impitoyablement.

Les médecins approchèrent du lit d'Anna. Elle était dans une sorte de délire, ne reconnaissant personne et répétait à chaque instant des mots sans suite, à demi-voix, qu'on ne pouvait comprendre. Ils l'examinèrent avec attention en échangeant entre eux un coup-d'œil.

« Il n'y a rien de grave, » dit l'un d'eux, et M. Stone s'avança vers lui en mettant encore ses piastres en avant.

— Eh! gardez vos piastres, monsieur, lui dit le médecin.. Votre fille est gravement malade, mais tout votre or ne saurait lui racheter la santé. Si vous l'aimez véritablement, faites un peu plus ce qu'elle désire; sa vie est entre vos mains; d'un moment à l'autre, il peut survenir une crise et je ne saurais en répondre. Il est encore temps de la prévenir; le mal va vite : demain peut-être serait-il trop tard.

— Que faut-il faire? dit M. Stone, qui avait écouté le médecin avec un étonnement stupide. Il avait toujours cru que les piastres le mettaient à même de faire face à toutes les circonstances embarrassantes au milieu desquelles il pourrait se trouver, et il s'apercevait, pour la première fois peut-être, qu'il s'était trompé.

— Écoutez ce que dit votre fille, lui dit froidement le médecin; approchez votre oreille près de sa bouche; elle parle bas, bien bas; mais vous allez comprendre.

— M. Stone s'approcha de sa fille : il prêta l'oreille. C'est lui qu'elle nomme, dit-il; mais que veut-elle dire?

— Il y a dans tout ceci beaucoup d'imagination sans doute,

reprit le médecin; je suis désolé d'entrer dans ces détails, mais vous nous consultez sur l'état de votre fille et je vous dois compte de sa situation avec franchise. Il y a une grande inquiétude générale et tous ces symptômes alarmans s'évanouiraient, j'en suis sûr, par la présence d'une personne que vous connaissez sans doute. Elle va dormir; mais si, au réveil, les mêmes inquiétudes se représentent, je ne puis répondre de la gravité d'une seconde crise.

— Mais, monsieur, quelle serait la personne dont la présence pourrait sauver ma fille? Parlez.

— N'avez-vous rien entendu, monsieur?

— Si fait..... c'est lui?

— Monsieur, je ne veux nullement entrer dans les secrets de famille : vous connaissez l'état de votre fille; notre présence n'est plus ici nécessaire. Si elle se trouve mieux cela ne regarde pas la médecine; si elle est plus mal, les efforts de l'art seront complétement inutiles.

Et les médecins se retirèrent.

M. Stone restait dans un abattement toujours croissant.

— Que faire, Ketty? l'envoyer chercher, n'est-ce-pas? mais par qui? s'il était malade lui-même; tu ne l'as pas vu depuis long-temps?

— Non, je ne l'ai pas vu depuis qu'il a passé sous ces fenêtres, pendant que vous étiez là et que je suis descendue pour lui remettre le billet de miss Anna.

— Plus bas, Ketty. Elle pourrait entendre.

— Soyez sans inquiétude. Elle dort.

— Je n'y puis plus tenir, Ketty, l'épreuve est trop forte; il faut absolument le faire venir; qu'il vienne, je consens à tout. Mais il faut le trouver sur-le-champ; qui pourrait l'aller chercher?

On entendit un petit coup discrètement frappé à la porte du boudoir. Ketty ouvrit la porte : c'était Cahours.

— Je venais m'informer, dit-il, de la santé de miss Anna. J'apprends qu'elle vient d'être prise d'une maladie qui ne sera sans doute qu'une indisposition, et je...

— Entre Cahours, mon ami, dit M. Stone, tu peux lui rendre la vie, tu peux la sauver ; tiens, écoute, voilà ce dont il s'agit. — Ma fille, tu le sais, aime Olmédo, le planteur de la Roche-Noire. Tu as vu avec quelle attention j'ai cherché à la détourner de lui ; tu as dit que tu me rendais la parole que je t'ai donnée ; eh bien, voici ce qu'il faudrait faire. Nous sommes parvenus à écarter Olmédo ; depuis quelque temps déjà, ma fille n'a pu le voir ni en entendre parler ; voilà la cause de sa maladie. Elle est en grand danger, ont dit les médecins, si une crise venait à survenir par une contrariété. Pour la prévenir, la présence d'Olmédo paraît indispensable, mais qui pourrait aller le chercher ? Il n'y a que toi, Cahours, qui puisse me rendre ce service ; va, porte-lui ce billet, dis-lui de venir, que c'est moi qui t'envoie.

Cahours, évidemment pris au dépourvu, allait refuser net; on voyait, à ses traits contractés, les symptômes d'une colère prête à éclater.

M. Stone ne remarqua rien de tout cela ; il continuait, en parlant à demi-voix, à engager Cahours à aller chercher Olmédo.

— Tiens, vois, n'est-ce pas, c'est ma fille, je l'aime bien ; Cahours, fais pour elle, fais pour moi un sacrifice, car c'est un sacrifice que je te demande. Va à la Roche-Noire, puisqu'elle aime Olmédo ; un peu plus tôt, un peu plus tard, il fallait en finir ; — avant qu'elle ne se réveille, qu'il soit là, Cahours, je t'en prie ; tu ne dis rien, te faut-il la moitié de ma fortune?

— Eh ! gardez votre fortune, lui dit Cahours; s'il me faut renoncer à posséder Anna, que m'importe votre or; et si je tenais à elle plus qu'à tout l'or du monde, plus qu'à ma vie, plus qu'à mon âme damnée, que je damnerais encore pour elle, toutes vos piastres pourront-elles me faire renoncer à mes désirs ?

M. Stone comprit, pour la seconde fois, l'inutilité de son or et qu'il y a plus d'une question dans la vie qui ne saurait se résoudre par un calcul de piastres.

— Alors, Cahours, ajouta-t-il avec accablement, tu refuses d'aller à la Roche-Noire ?

Cahours hésita un instant. Tout-à-coup son œil brilla sous son épais sourcil, il se mit à rire comme il riait toujours quand il allait faire quelque méchante action.

— Dans ce cas, dit-il, je vais y aller, et il sortit. Avant de refermer la porte sur lui, il dit encore : oui, je pars, et je vais lui ramener Olmédo. — Je jure qu'Olmédo sera ici bientot; oh oui ! je le jure.

Et il disparut.

A cheval, à cheval, Cahours, le moment est venu.

Un instant après, il galopait ventre à terre sur la route qui conduit à la Roche-Noire.

—

XXV.

> Levez les yeux vers ce monde invisible
> Où pour toujours nous nous réunirons.
> BÉRANGER.

Ketty, pour suivre Cahours des yeux, était sortie sur le balcon. Elle le vit partir, et au détour de la rue, elle aperçut un homme enveloppé d'un manteau. Cet homme regardant passer devant lui Cahours, s'avança vers la maison de M. Stone et s'arrêta sous le balcon. Lorsqu'il leva les yeux vers les fenêtres d'Anna, elle reconnut que c'était Olmédo.

Ketty ne put retenir un cri de joie ; elle rentra dans l'appartement : le voilà, dit-elle, et elle courut le chercher.

Un instant après, Olmédo était dans la chambre à coucher d'Anna. A sa vue, M. Stone ne put s'empêcher de retenir une exclamation de joie bruyante ; il était sincèrement satisfait de sa présence, et d'ailleurs, au fond, il ne s'était jamais formellement opposé aux inclinations de sa fille; il n'avait voulu que l'éprouver, et il voyait assez qu'il avait même été déjà trop loin.

Anna se réveilla dans ce moment en prononçant d'une voix faible, mais distincte, le nom d'Olmédo ; « où suis-je, ajouta-t-elle, en promenant ses regards autour d'elle, mon père..... Ketty..... » Elle sentait un bras qui la pressait légèrement, et contre elle un cœur qui battait comme son cœur, ses yeux rencontrèrent ceux de son amant.

Elle le reconnut comme on reconnaît les objets au sortir d'un rêve, vaguement d'abord, puis, peu à peu, elle comprit la réalité, et les deux amans restèrent ainsi dans un silence que M. Stone seul interrompait par des exclamations de sa grosse, mais sincère sensibilité.

« Oui, ma fille, c'est Olmédo. — C'est le planteur de la Roche-Noire. — C'est mon gendre. — Je sais tout. — Ketty m'a tout raconté, jusqu'à vos rendez-vous du soir. — Je voulais voir si tu l'aimais véritablement. Maintenant, c'est mon fils, comme toi, ma fille. Vous pouvez vous aimer. »

Les deux amans n'écoutaient pas M. Stone. Il y avait long-temps qu'ils se passaient de sa permission pour s'aimer à leur aise; elle leur était parfaitement inutile, même dans ce moment, et ils restaient tous deux, se mirant dans les yeux l'un de l'autre, les mains dans les mains, mais ils ne disaient rien.

Au bout de quelque temps, les yeux d'Anna se fermèrent, sa tête se pencha; son sommeil interrompu reprenait son cours; elle fit quelques efforts pour résister à la fatigue, mais elle était trop faible. Peu à peu Olmédo dégagea ses mains de celles de son amie et se pencha vers elle pour l'écouter dormir ou pour déposer sur son front un baiser.

M. Stone et Ketty étaient trop occupés d'Anna pour remarquer l'air de tristesse répandu sur les traits d'Olmédo, et que la présence de sa maîtresse n'avait pu dissiper.

Lorsqu'elle fut endormie, il s'avança doucement vers M. Stone, et lui serrant les mains avec affection, il lui parla quelque temps à l'oreille. Une vive émotion se peignit dans tous les traits de M. Stone; il eût voulu retenir Olmédo. Celui-ci, en désignant Anna, lui imposait silence du geste et lui dit encore quelques mots à voix basse; une larme brillait dans les yeux de M. Stone.

Il attendit qu'Olmédo se fût retiré pour éloigner Ketty et resta seul avec sa fille endormie, donnant un libre cours à ses sanglots et à ses larmes, les premières qu'il avait peut-être répandues.

Lorsque Ketty rentra, elle ne comprit rien à l'émotion de M. Stone; elle le regardait et regardait Anna tour-à-tour, avec inquiétude, mais elle n'osait rompre le silence. Elle attendit.

Quels avaient été les projets de Cahours en sortant pour aller chercher Olmédo, qu'avait-il pu inventer d'affreux pour servir ses projets de haine? je n'en sais rien; on ne l'a jamais su, puisque le hasard était venu les déjouer d'une façon si heureuse. Ce qu'il y a de certain, c'est qu'il fut à la Roche-Noire et que là il demanda Olmédo, et que là il remit le billet d'Anna, car Olmédo le trouva à son retour.

Que devint-il ensuite? on l'ignore. Toujours est-il qu'il fut plusieurs jours sans reparaître chez M. Stone, mais son absence ne fut nullement remarquée. On ne pensait même plus à lui.

XXVI.

> Convient-il donc, lorsque l'horrible destin s'approche, convient-il de lever le voile qui le couvre.
>
> SCHILLER, *Cassandre*.

Le lendemain, Anna était mieux, beaucoup mieux, car la présence d'Olmédo l'avait complètement rassurée; elle était assise à son piano et laissait s'égarer ses doigts sur le clavier d'ivoire: elle chantait. Son père la regardait avec attendrissement. — Elle chantait des chansons folles, des boléros espagnols. Et plus elle chantait, plus son père devenait triste. Il paraissait plus impatient de l'arrivée d'Olmédo que sa fille; l'écorce était brisée, toute sa sensibilité, long-temps comprimée, pouvait enfin s'épancher; c'était un monde nouveau pour lui, mais il s'y abandonnait sans réserve, aussi extrême dans sa tendresse qu'il l'avait été dans ses froids calculs.

Olmédo n'arrivait pas. M. Stone ne put plus long-temps

entendre sa fille ; sa gaîté lui faisait de la peine, et il n'osait lui dire pourquoi, lui, il était si triste.

L'heure était passée.

Olmédo ne vint pas. Un nègre apporta pour lui une lettre qu'il remit à M. Stone ; elle en contenait une pour sa fille ; M. Stone appela Ketty pour porter cette lettre à sa maîtresse ; elle arriva au moment où M. Stone lisait à Magloire celle qui lui était adressée. Elle ne put entendre que ce membre de phrase :

« .... Vous comprenez maintenant, malgré toute la peine
» que me cause une pareille détermination, que je ne puis plus
» voir Anna. La cruelle position dans laquelle je me trouve me
» fait une nécessité..... »

M. Stone aperçut en ce moment Ketty, Magloire essuyait ses yeux pleins de larmes. Ils parcoururent ensemble la lettre qui était destinée à miss Anna et la remirent à Ketty pour la porter à sa maîtresse.

Anna, complètement rassurée sur son amant, lut sa lettre avec empressement. C'était, comme toujours, de ces riens qui sont si importans en amour. Ce ne fut qu'après une seconde lecture qu'elle vit le post-scriptum ainsi conçu :

« Je dois m'absenter quelques jours, Anna, ne sois pas
» inquiète ; ton père m'aime déjà comme un fils, crois en ce
» qu'il te dira, car je ne pourrai même pas te donner de mes
» nouvelles ; mais nous nous reverrons bientôt. »

Anna ne fut nullement étonnée du post-scriptum. Elle avait si souvent éprouvé la loyauté de son amant, qu'elle ne pouvait douter de son amour. D'ailleurs, elle l'avait trouvé, la veille, un peu triste, sans doute, mais elle croyait être cause de cette tristesse, car il avait été aussi aimant, et elle sentait qu'elle l'aimait plus encore. Comme toujours, la dernière impression de deux amans semble plus forte que toutes les autres, et l'on croit s'aimer de plus en plus, alors qu'on n'a que de la constance. Anna ne put soupçonner la sincérité de ce prétendu voyage; elle se remit à chanter en lisant et relisant sa lettre, elle se croyait heureuse, elle ne comprenait rien à la tristesse de son père, à l'inquiétude de Ketty; ou plutôt, croyant en être la cause, elle les rassurait sur sa position, en redoublant de gaîté et en ne s'apercevant pas que ceux-ci, en même temps, redoublaient d'inquiétude et de tristesse.

XXVII.

— Pour le démon, tout moyen est bon...
— Certainement ; ce serait odieux, mais parfaitement imaginé.....

E. Sue.

Le temps est affreux, le vent souffle avec violence, au loin mugit la tempête, la pluie tombe par torrens.

Cependant, Anna est tranquille, elle pense à Olmédo ; mais elle ne soupçonne pas que l'orage puisse gronder pour lui ; elle est gaie de cette franche gaîté que sa situation nouvelle vis-à-vis de son père lui permet d'exprimer.

Elle était encore à son piano, chantant des romances, lorsqu'il lui dit :

« Je viens d'apprendre, ma fille, que le coup de vent fait de grands dégâts là-bas à la clairière. J'y vais avec quelques nègres. Adieu. »

Miss Anna ne se dérangea même pas de son piano. Elle était tellement habituée à le voir sortir sans lui dire jamais où il allait, d'où il venait, qu'elle eût pu trouver extraordinaire cette indication, si elle ne l'eût sur-le-champ interprétée par un développement de tendresse causé par son indisposition.

Le temps continuait d'être affreux, mais M. Stone avait bravé bien d'autres dangers, et ce n'était pas une bourrasque qui eût pu l'empêcher de sortir, même quand il n'en aurait pas eu besoin.

C'était une vraie tempête. Le vent soufflait avec violence et les vagues blanchissantes d'écume; cependant, la mer était plus calme dans une petite anse protégée par des falaises à pic et fermée par des rochers à fleur d'eau, qui ne permettaient qu'aux chaloupes d'en approcher.

Quatre hommes enveloppés de toile cirée, avec cette coiffure que l'on connaît parmi les matelots, sous le nom de susroie, espèce de chapeau à large bord et goudronné, se tiennent à l'ombre d'un rocher qui les protège contre le vent et la pluie. Ils causent ensemble d'une manière un peu énergique.

— Triple tonnerre! vous n'y pensez pas, bourgeois, pousser au large par le temps qui fait, dans un canot, avec deux avirons!

— Imbécile, fais ce que je te dis et ne t'inquiète pas du reste.

— Avec vos demi-confidences, bourgeois, vous m'échauffez les oreilles, on n'embarque pas un baril de tafia....

— Tu pourrais bien dire du rhum, j'espère; tu en as goûté.

— C'est juste, raison de plus, on n'embarque pas un baril de tafia en donnant cent piastres à chaque rameur, pour aller courir bordée par un temps pareil, sans avoir ses motifs.

— Ah! tu deviens curieux.

Et le bourgeois saisit le matelot au collet et le renversa par terre; les deux autres voulurent s'interposer, mais ils se sentirent paralysés par une main de fer, tandis que leur camarade se relevait en présentant ses excuses à celui qui venait de lui faire sentir sa supériorité d'une manière incontestable.

— Dame! bourgeois, vous avez la poigne bonne.

— Allons donc, pas de curiosité et silence; appelle-moi Tonnerre de tous les diables, si tu veux, mais pas un mot, et vous aurez tous des piastres et du rhum, morbleu!

— Chose convenue, dit celui qui avait été si pressé d'inter roger; mais bourgeois, ou plutôt, Tonnerre de tous les diables, fallait parler plus tôt. On dit son affaire, et puis on s'arrange à la vie, à la mort. Voyez-vous, voilà qu'est dit.

Le jour commençait à baisser, la pluie avait cessé de tomber et le vent paraissait se calmer à son tour.

— Allons, en route, garçons, deux heures pour aller, deux heures pour revenir, ça fait quatre heures; deux heures là-bas tout au plus, peut-être moins; vous serez de retour de bonne heure. Au point du jour, il faut être au large. Tous deux avec moi; toi, garde le canot, et attention à notre arrivée, au premier cri : Embarque, embarque.

— C'est convenu, suffit.

Et tous trois se dirigèrent vers la ville, tandis que leur camarade s'étendit à l'abri de son rocher, en fumant une énorme pipe.

La nuit était noire. Au bruit sourd de la vague mugissant sur la rive, se mêlaient les cris sinistres des mouettes et des goëlands.

XXVIII.

> TRIBOULET.
> J'ai tué mon enfant ! j'ai tué mon enfant !
> Victor HUGO, *le Roi s'amuse.*

M. Stone avait trouvé la clairière et la hutte en bon état ; rien n'avait souffert. Le lendemain, lorsqu'il rentra chez lui, il eût été gai comme à son ordinaire, s'il n'eût été préoccupé d'Olmédo. Cependant, contre son attente, il n'aperçut aucun de ses nègres ; il en appela plusieurs et tout resta tranquille ; une seconde chose l'étonna surtout, c'est que toutes les portes étaient ouvertes ; Ketty même ne paraissait pas. Il parcourut plusieurs pièces avec une inquiétude toujours croissante, et il arriva bientôt au boudoir d'Anna.

Ketty était étendue sur le plancher, liée et baillonnée, sans pouvoir pousser un cri, sans pouvoir faire un mouvement. Il entra dans la chambre de sa fille, il l'appela ; personne ne lui répondit.

Il coupa les liens qui garrottaient Ketty, et il apprit, à mesure qu'elle pouvait articuler un mot, que trois hommes étaient venus dans la nuit, qu'ils avaient pénétré dans la maison et l'avaient mise dans cet état, puis, qu'ils s'étaient emparés de miss Anna et qu'ils étaient partis avec elle. Parmi ces hommes, elle avait parfaitement reconnu Cahours.

M. Stone vit tout cela d'un coup et il en resta anéanti, puis il se reprocha son imprudence, il s'accusa d'avoir éveillé l'attention de Cahours sur Anna, d'avoir allumé la première étincelle de son brutal amour ; ses regards étaient fixés avec une immobilité effrayante sur le lit désert ; il appelait sourdement sa fille, puis, comme un homme irrésolu qui voit enfin ce qu'il doit faire dans une circonstance extrême, il sortit en courant et en criant : « Ma fille ! rendez-moi ma fille !..... »

XXIX.

> Ce n'est pas une âme commune que celle qui trouve que la véritable beauté d'un homme est la sensibilité, car il faut pour cela connaître l'amour et son prix.
>
> Gabriel MIRABEAU.

M. Stone était parti depuis quelque temps déjà, et Ketty était à peine remise de ses souffrances et de son émotion, lorsqu'Olmédo entra. Il était triste, pâle, abattu; à son aspect, Ketty fondit en larmes, et celui-ci, la voyant pleurer, lui prit affectueusement la main : « Merci, lui dit-il, tes larmes me font du bien à voir; si, comme toi, je pouvais pleurer ! Tu sais mon malheur, Ketty, Anna l'ignore sans doute; comment lui apprendre cette triste nouvelle? » et Ketty redoublait de sanglots et de pleurs qu'Olmédo ne pouvait comprendre, absorbé tout entier dans sa propre douleur.

Voici ce qui s'était passé :

Les pluies avaient amené le développement des miasmes

pestilentiels, et les cas de fièvre jaune avaient déjà apparu. La mère d'Olmédo avait été atteinte une des premières, et la maladie avait fait des progrès si rapides qu'elle succomba au bout de quelques jours. Pendant ce temps, Olmédo s'était abstenu de venir au rendez-vous dont il était convenu avec Anna, tandis que M. Stone et Ketty, de leur côté, évitant tout rapprochement qui eût pu donner des nouvelles de l'absence d'Olmédo, avaient ignoré ce qui s'était passé jusqu'au moment où Olmédo lui-même les avait mis au courant de son malheur.

Olmédo aimait profondément sa mère; il avait vu les progrès du mal, et dès les premiers symptômes, il en avait compris l'inévitable dénouement; mais Olmédo était de ces natures mâles, calmes dans les circonstances les plus graves et capables de trouver dans leur énergie les plus grandes ressources pour faire face au malheur. Sa sensibilité, quoique ardente, ne cédait qu'à une forte impression. On eût pu le croire froid et sans passions, parce qu'il ne se passionnait que pour les grandes choses et ne s'enflammait que pour les grands événemens. Beaucoup, en le voyant inaccessible à ces petits riens d'une affectation de sensibilité qui s'éparpille et se divise, l'avaient ainsi jugé, et l'apparence était favorable à leur jugement; car si on ne découvrait en lui aucun des sentimens qui rapetissent la nature humaine, ce qu'on remarquait surtout, au premier abord, c'était de l'indifférence, et cette indifférence qu'il portait partout, lui donnait encore un air de fierté dédaigneux dont il ne se doutait nullement, mais que ceux-là qui se disaient ses amis, savaient bien exploiter à leur avantage.

Son physique ne répondait pas de tout point à cette vigueur

intellectuelle. Sa constitution était délicate; il ne vivait que par la pensée. Toute son énergie était dans son cerveau.

Les grandes idées, les grandes rêveries, l'avaient seules passionné, et cette habitude de vivre dans un monde idéal et de tout raisonner, n'avait pas peu contribué à augmenter encore la froideur de son abord, par la sévérité des contours et des formes.

Mais s'il raisonnait ses actions, il ne raisonnait jamais sur ses principes.

Il cherchait à mettre dans sa conduite toute la rigueur d'un syllogisme, et alors qu'on le croyait indécis, il ne faisait que de dégager de premières données une conclusion peut-être obscure, mais à laquelle il tendait nécessairement et inévitablement.

C'étaient ces formes géométriques qu'il s'agissait de pénétrer pour arriver à son âme, et comprendre tout ce qu'il y avait de poésie, de passion, d'amour, sous cette enveloppe anguleuse, hérissée, pour ainsi dire inaccessible. On pouvait le tromper, il avait fait la triste expérience d'une erreur dans le partage de son amitié; mais pour surprendre ce cœur si bien gardé, il fallait s'en approcher avec quelque grande qualité qui en autorise l'entrée, qui en facilite l'accès; il fallait enfin, pour qu'un homme pût prétendre à son amitié, un grand talent, un génie reconnu ou une vertu éprouvée, sans quoi il rentrait dans sa solitude. D'ailleurs, il ne désirait que peu d'amis, il n'eût pu se résoudre à morceler son cœur, et comme il donnait beaucoup, il exigeait de même, rayant impitoyablement de son intimité ceux qui cherchaient au dehors de lui et sans lui des amitiés faciles, des liaisons d'un jour, qu'on forme aujourd'hui pour rompre le lendemain.

Puisqu'il aimait ainsi d'amitié, comment doit-il aimer d'amour?

Long-temps il avait vécu par l'intelligence, seulement par l'imagination; mais quand vint le moment où le cœur voulut vivre à son tour, ce moment plus tardif chez l'homme que chez la femme où l'être encore ébauché s'achève, où l'âme cherche l'âme, qui la complète en un mot, où l'individu va vivre tout entier, il voulut adoucir son extérieur, il se laissa plus facilement deviner, il se ploya, pour ainsi dire, aux exigences du monde, il chercha, pourra-t-on lui reprocher ses avances? il chercha d'abord là où il croyait trouver de l'énergie, de la volonté, mais il comprit bientôt que ces qualités essentielles chez un homme, marquent le plus souvent chez la femme, le vide de son cœur et son insensibilité.

Anna était la seule personne qu'il eût aimée. Il l'aimait avec passion, parce qu'elle était belle; il l'aimait avec raison, parce qu'elle était bonne; en un mot, il l'aimait avec toute l'énergie dont son amour était capable, parce qu'elle était aussi bonne que belle, ou plutôt, parce que tous deux, façonnés l'un pour l'autre, ne faisaient à eux deux qu'une âme, qu'un cœur, qu'un amour, qu'une volonté à laquelle la froide raison de l'un traçait des devoirs que l'enthousiasme de tous deux faisait exécuter.

Le chagrin qu'il éprouva de la perte de sa mère fut aussi grand que le comporte un événement de cette nature, et cependant, il conserva son calme apparent, sa résignation glacée. Tandis qu'autour d'elle chacun fuyait épouvanté le fléau épidémique, il était là, lui, veillant à son chevet; ce n'était pas un homme ordinaire qui agissait ainsi, c'était un raisonnement suivi, une déduction logique, mathématique, incarnée, vivant, remuant, agissant ; aussi, lorsque tout fut dit, pour dernier adieu, on le vit s'avancer vers la bière, et alors cette abstraction vivante, cette énergique volonté traînant après elle, mais avec peine, une sensibilité qui n'était point feinte, s'approcha lentement du cadavre, et découvrit encore sa livide figure pour y déposer un baiser.

Oh non ! ce n'était point un homme, seulement un homme, qui agissait ainsi, c'était un corps insensible, une masse inerte remuée par une intelligence énergique, par une volonté de fer, c'était un ange de tendresse ou un démon d'insensibilité ; mais non, sans doute, ce n'était ni si haut ni si bas, c'était un fils qui disait un dernier adieu à sa mère.

Puis, il se retira ; mais les forces physiques étaient épuisées ; la nature triomphait. Il s'évanouit.

XXX.

> Toute personne pourra disposer par testament.
>
> *Code civil.*

Je ne sais combien cet évanouissement put durer de temps. Toujours est-il que quand Olmédo revint à lui, il se trouva environné de gens de justice, d'hommes de loi, qui parlaient, qui discutaient. Il s'agissait du testament d'un frère qui devait être en Europe et dont on n'avait point eu de nouvelles depuis long temps. Un gros monsieur était là et il se disait porteur de pouvoirs.

On discutait.

Un monsieur maigre disait : « Je représente celui qui est ici, je veux défendre ses droits, et avant d'aller plus loin, je veux qu'on ouvre le testament. — D'ailleurs, nous contestons vos titres, vos pouvoirs. — Nous plaiderons. — Il s'est écoulé plus de dix ans depuis les dernières nouvelles. — Au surplus, qu'on procède à l'inventaire. »

Olmédo, qui avait repris ses sens, ne comprenait guère ce qui se passait autour de lui, et la discussion des hommes de loi et des griffonneurs de papier timbré, continuait toujours. Les uns fouillaient des tiroirs, ouvraient des meubles; les autres parlaient de scellés, d'inventaires, de textes de loi, de jugement, et personne ne s'entendait.

— Voici le testament, dit quelqu'un.

— Je l'avais bien dit qu'il y avait un testament, reprit le gros monsieur, j'avais été consulté, j'en ai même écrit la formule.

— Qu'on ouvre le testament.

Et on ouvrit le testament.

Olmédo s'était accroupi sur son lit, trop faible encore pour se mêler à la discussion qu'il commençait à comprendre. Du reste, personne ne le remarquait.

— La défunte a deux enfans, l'un que vous représentez et qui est ici, l'autre que je représente et qui est absent.

— Point du tout. La défunte n'a qu'un fils, l'autre est né d'un précédent mariage, parce que son mari avait marié deux fois.

— C'est possible; mais celui que je représente est toujours héritier pour sa part et portion.

— Ouvrez d'abord le testament.

— Le testament ne peut préjudicier aux droits qui sont acquis.

— Ouvrez le testament, nous verrons après.

On ouvrit le testament.

« Ce n'est point un testament, dit le gros monsieur. »

Et le monsieur maigre se mit à lire :

« Mon cher Olmédo,

» Depuis les dernières nouvelles de ton frère, j'ai reçu la

» nouvelle de sa mort. Voici les papiers qui le constatent. J'ai » cru inutile de t'en avertir plus tôt. »

Puis, la signature.

— Alors, vous ne représentez plus personne, dit le monsieur maigre.

— Je représente toujours; voyons, ce n'est pas un testament, j'avais raison de dire qu'il ne préjudicierait point aux droits....

— A quels droits? puisque voilà l'extrait mortuaire de votre mandant.

— Oui, mais enfin, j'aurai mon recours contre la succession pour mes dépens.

Et la dispute continuait. Olmédo s'était levé bien pâle, bien faible, il avait fini par tout comprendre. Il s'avançait au milieu de ces visages sinistres qui s'abattent dans les maisons après les riches décès, comme les corbeaux sur leur proie. A sa vue, ils restèrent tous interdits.

— Vous parlez bien haut, messieurs, leur dit-il, veuillez vous quereller plus loin; j'ai besoin de repos. Que faites-vous céans?

Toute son énergie morale lui était revenue.

Son représentant voulut s'avancer vers lui pour lui expliquer comme quoi la défunte.....

— La défunte est morte de la fièvre jaune, ajouta-t-il; l'air est malsain ici, vous avez dû voir que votre présence était inutile.

Et tandis que d'une main il leur désignait les papiers, de l'autre, il leur montrait la porte.

On ne songea plus à lui résister davantage. Chacun se retira.

Telles étaient les tristes nouvelles qu'Olmédo venait apporter chez M. Stone, et il ignorait encore ce qui s'était passé pendant la nuit.

XXXI.

> L'enragé d'Océan ne fait rien à demi;
> Il avale à la fois ami comme ennemi,
> Son estomac vorace, affamé de pâture,
> Offre aux pauvres marins trépas et sépulture.
>
> *Ancienne Comédie.*

Cependant, du côté de l'anse des Goëlands, le peuple s'était rassemblé sur le rivage; plusieurs groupes de nègres allaient, venaient de l'un à l'autre. Ils portaient leurs regards du côté de la pleine mer, désignant l'horizon du doigt. Ils parlaient entr'eux avec une grande inquiétude.

Il y avait là le douanier qui continuait sa ronde, des créoles et des individus de tout âge et de tout sexe, venus, je ne sais d'où, dans cette partie du rivage, la plus aride et la moins fréquentée. Au milieu d'un de ces groupes, on voyait un jeune homme, la tête entourée de linges, les bras en écharpe et soutenu par quelques nègres, tandis qu'on lui pansait la dernière blessure qu'il avait au pied. Plus loin, avec des branches, on s'occupait de construire un brancard. Les groupes grossissaient toujours et chacun s'informait.

— Qu'y a-t-il ? se disait-on.

— Je n'en sais rien, j'arrive. Nous allons voir.

— Il paraît que c'est un canot qui a chaviré, reprenait un autre.

— Allons trouver le douanier; il doit savoir à quoi s'en tenir.

Le douanier, en effet, racontait pour la cinquième ou sixième fois ce qu'il avait vu.

« Ma foi, disait-il, il faisait nuit toute noire, on n'aurait pas vu à dix pas, et cependant, il faisait un éclaircie, car il a bien plu cette nuit. J'entendis comme quelqu'un qui chantait du côté de la roche qui pend là au fond de l'anse. Je me mis à écouter, mais je n'entendis plus rien. Cependant, comme c'est le seul endroit où l'on puisse débarquer, je me tins prêt et j'attendis long-temps encore, si long-temps, que je crus m'être trompé; la pluie tombait par momens, le vent soufflait toujours, et quand je croyais entendre quelque chose, je n'entendais rien du tout. Enfin, quand vint le matin, je vis venir quelqu'un de terre, qui criait: « embarque ! embarque ! » Je me mis à héler, mais j'avais le vent contre moi et on ne m'entendit pas. Alors, je m'avançai du côté d'où venait la voix, et le temps qui s'était un peu éclairci, me permit de distinguer mon gars qui s'en fut droit à la roche qui pend, là, dans l'anse, et je vis bien clairement qu'il y avait un canot de mouillé. Je hélai plus fort, et comme j'approchais toujours, je vis qu'ils étaient deux qui commençaient à faire accoster le canot. Je serais arrivé à temps, mais, par malheur, la mer était pleine, et je ne pus passer là-bas, je fus obligé de faire le tour. Quand j'arrivai, ils étaient trois ou quatre qui voulaient embarquer quelque chose de blanc. Je hêlai de nouveau et lâchai mon coup de fusil pour avertir, mais alors ils poussèrent au large, et quand mon camarade arriva au moment où ils allaient sortir de la baie, il vint une raffale et le canot a chaviré. Quoiqu'il en soit, ce ne fut qu'au petit jour que j'aperçus deux corps sur la grève; d'abord un, ce jeune homme qu'on panse là-bas, et puis celui d'une jeune fille qui est plus loin sous la roche. Alors, il est venu du monde et on les a soignés; mais je crois bien que la jeune fille est morte et lui bien malade. On n'a pas encore vu les autres, et cependant ils n'ont pu se sauver. Sans doute qu'ils ont été entraînés au large par le courant, car on n'a pas encore revu l'embarcation. »

En ce moment, les curieux qui s'étaient formés en deux groupes, prirent le chemin de la ville, entourant les deux brancards sur lesquels on avait déposé les deux naufragés.

XXXII.

> Oui, Léonore ! notre destinée sera d'être réunis pour toujours... mais trop tard !
>
> *Lamentations du Tasse.*

Ce lugubre cortége, en se grossissant de la foule des curieux qu'il rencontrait sur sa route, s'avançait toujours d'une marche lente et pénible. Le jeune homme se soulevait de temps à autre pour indiquer la route dans les rues de la ville. Enfin, on s'arrêta devant la porte de M. Stone. Il y avait peu de temps qu'Olmédo était entré, Ketty pleurait devant lui. Tous deux restaient absorbés dans leur douleur. Le tumulte du dehors vint les arracher à un silence que ni l'un ni l'autre n'auraient pu rompre.

M. Stone avait rencontré le cortége et criait toujours en allant de l'un à l'autre : « Ma fille ! rendez-moi ma fille ! »

Olmédo, entendant ces cris, s'élança vers la rue; la première personne qu'il rencontra fut Magloire qu'on descendait du brancard pour lui donner les soins que réclamait sa position ; la seconde fut Anna qu'on transportait dans ses appartemens.

Comment Olmédo sut-il ce qui s'était passé ? Il serait impossible de le dire. Il apprit tout cela à la fois, d'un seul coup.

M. Stone le tenait embrassé en lui montrant sa fille ; il pleurait, il jurait, il s'arrachait les cheveux, en disant : « C'est moi qui l'ai perdue, c'est ma faute. Olmédo, sauvez-là, vous êtes mon fils. »

Bientôt le monde se retira. Il ne resta plus que le médecin qui avait déjà soigné sa fille. M. Stone était auprès de Magloire, et Anna, couchée sur son lit, restait évanouie. Elle n'appartenait plus à ce monde. C'étaient toujours les mêmes traits, la même pureté de lignes, mais la vie s'était retirée de ce beau corps.

Olmédo la regardait, se penchait sur elle, tandis que son père lui embrassait les pieds. « Voyez-vous, disait-il, ils sont froids, elle est morte ; ils l'ont tuée ! » et il parlait tout bas, bien bas, sans faire attention à ce qui se passait autour de lui.

Cependant, on crut remarquer un léger mouvement soulever la poitrine d'Anna ; elle venait de respirer. Olmédo recueillit ce premier soupir ; il attendit, et bientôt elle ouvrit ses yeux qui rencontrèrent ceux de son amant.

« C'est moi, dit-il, Anna. Reviens, mon amie. »

Elle lui pressa légèrement les mains.

Elle entendait.

Olmédo et Ketty virent en silence cette lueur de vie qui semblait revenir ; on la crut sauvée. Ketty interrogeait du regard le médecin qui lui fit un signe de tête négatif. Elle fondit en larmes. Olmédo lui parlait à voix basse; il avait vu, comme Ketty, le signe du médecin, mais il continua de parler à son amante. On venait d'envoyer chercher un ministre du culte, et déjà, près d'elle, le médecin habitué à ces tristes cérémonies, avait allumé deux flambeaux des deux côtés d'un crucifix d'ivoire. Il se mit à réciter, à voix basse, les prières des agonisans.

Les persiennes étaient fermées et la pâleur des lumières éclairait à peine le lit d'Anna, que partageait Olmédo toujours penché sur elle et toujours parlant à voix basse. Ce qu'il disait, ce qu'il pouvait dire, n'était plus de ce monde. Son âme semblait avoir abandonné son corps pour parler à l'âme de son amante de ce qui se passe au-delà de la tombe, pour lui dire ce qu'il venait d'apprendre de sa mère, pour lui donner un nouveau rendez-vous. D'une main, il lui fit embrasser le crucifix; de l'autre, il lui montra le ciel, puis, il colla ses lèvres sur ses lèvres et resta long-temps immobile, et le silence religieux qui entourait ce baiser nuptial, ne fut interrompu que par l'arrivée du prêtre.... Mais il n'était plus temps, Olmédo avait recueilli le dernier soupir de son amante. Le prêtre et le docteur continuèrent les prières des morts, Olmédo s'agenouilla pour prier à son tour.

Ketty pleurait toujours.

M. Stone souriait d'un air de bonheur et de satisfaction glorieuse. « Ils sont unis, disait-il; maintenant, j'ai ma fille; je suis à noce : voilà l'autel et voici le lit nuptial. »

Quand le docteur eut fini sa prière, il voulut se retirer, mais il prêta l'oreille aux paroles de ce malheureux père; il le considéra quelques instans avec attention, puis il chercha à l'entraîner avec lui, en lui disant à l'oreille : « la mariée dort, il ne faut pas la réveiller. » Et ils sortirent.

M. Stone était devenu fou.

—

XXXIII.

> Mille projets, mille idées se combattirent dans mon âme; et enfin, il n'y resta plus qu'une seule idée, bien arrêtée, bien inébranlable.
>
> *Werther.*

Il y a long-temps que les événemens que nous avons racontés se sont accomplis. Maintenant, dans un coin retiré du cimetière, les enfans qui jouent au milieu des tombeaux, s'arrêtent quelquefois pour se reposer de leurs jeux, sur un marbre que le temps a déjà bruni, et l'eau goutte à goutte en ronge chaque jour l'inscription. Cependant, lorsque de leurs doigts insoucians ils suivent les sinuosités de la pierre, ils épèlent ces mots :

ANNA-OLMÉDO.

SICUT ERAT IN PRINCIPIO

ET NUNC ET SEMPER,

ET IN SECULA SECULORUM.

AMEN.

Puis, ils s'éloignent en riant.

Le ciel est pur, la brise est parfumée. Enfans, c'est pour vous que ces fleurs ont germé sur les tombes.

Enfans, cueillez des fleurs.

FIN.

www.ingramcontent.com/pod-product-compliance
Lightning Source LLC
LaVergne TN
LVHW020021170826
845678LV00001B/82